萍乡市烈士纪念设施名录

萍乡市退役军人事务局 编

江西高校出版社
JIANGXI UNIVERSITIES AND COLLEGES PRESS

图书在版编目（ＣＩＰ）数据

萍乡市烈士纪念设施名录 / 萍乡市退役军人事务局编. -- 南昌：江西高校出版社，2024. 8. -- ISBN 978 - 7 - 5762 - 4875 - 3

Ⅰ. TU251

中国国家版本馆 CIP 数据核字第 2024K5Y242 号

出 版 发 行	江西高校出版社
社 址	江西省南昌市洪都北大道 96 号
总编室电话	(0791)88504319
销 售 电 话	(0791)88522516
网 址	www. juacp. com
印 刷	江西千叶彩印有限公司
经 销	全国新华书店
开 本	787 mm × 1092 mm 1/16
印 张	10. 75
字 数	190 千字
版 次	2024 年 8 月第 1 版 2024 年 8 月第 1 次印刷
书 号	ISBN 978 - 7 - 5762 - 4875 - 3
定 价	78. 00 元

赣版权登字 -07 -2024 -368

编 委 会

序

　　萍乡是中国工人运动的摇篮，也是湘赣边界秋收起义的策源地和主要爆发地。萍乡的东南部（含莲花全县）和北部，曾是井冈山革命根据地、湘赣革命根据地和湘鄂赣革命根据地的重要组成部分。

　　萍乡人民有着光荣的革命斗争传统。在新民主主义革命时期和社会主义革命及建设时期，大批仁人志士在中国共产党的领导下，为了国家的独立、民族的解放，为了保卫祖国、建设祖国，前仆后继，英勇奋斗，献出了宝贵的生命。

　　据初步统计，全市烈士英名在册者8109名，没有留下姓名者不计其数。他们当中有海外求真理、热血洒浔阳的共产党员彭树敏，有宁死不屈、英勇就义的工人运动领袖黄静源，有不畏生死为掩护部队撤退壮烈牺牲的秋收起义部队总指挥卢德铭，有为革命保存一支枪而英勇献身的共产党员贺国庆，有被敌人割断舌头后用脚蘸着鲜血写下"革命成功万岁"的中共莲花县委书记刘仁堪，有为保护国家财产和人民生命安全奋不顾身的共产党员晏军生等一大批可歌可泣的萍乡英烈。

　　我们在享受现代文明和幸福生活带来的欢乐的同时，应当牢牢记住：新中国的建立，中国革命和建设的伟大胜利，是来之不易的，是英烈们用鲜血浇灌出来的。英烈们的光辉一生，永远值得我们怀念；英烈们在艰苦卓绝的斗争中表现的革命精神，永远值得我们认真学习和发扬光大。

　　为深切缅怀革命先烈的光辉史实，弘扬革命先烈的崇高精神，新中国成立以后，在各级党委、政府的高度重视和关怀下，萍乡陆续建设了一批革命烈士纪念设施。党的十八大以来，习近平总书记就尊崇英烈、学习英烈、缅怀英烈、捍卫英烈作出一系列重要指示批示，为新时代烈士褒扬工作指明了方向，提供了遵循。

　　随着党和政府对烈士纪念设施的重视程度不断提升，各级政府纷纷拨付专项资金建设和修缮烈士纪念设施，有的是烈士牺牲后的安葬处，有的是重要历史事件发生地，有的是先烈从事革命活动的重要场所。每一个名字，都有一段感人的故事；每一段事迹，都是一首壮丽的诗篇；每一处设施，都在闪耀着英雄的光芒。

为更好地宣传英烈事迹，弘扬英烈精神，赓续红色血脉，传承红色基因，萍乡市退役军人事务局组织编撰了《萍乡市烈士纪念设施名录》一书，收录烈士纪念设施 50 处，包括所有县级以上烈士纪念设施，和在全市影响较大、功能发挥较好且安葬烈士较多的烈士纪念设施，以及规模较大、基础设施完备、规划建设特色明显、具有较强区域影响力的其他烈士纪念设施。本书采用图文并茂的形式，对收录的烈士纪念设施逐一进行介绍，希望通过一幅幅图片、一行行文字，让后人缅怀为国家和人民英勇献身的革命烈士，让红色历史永远铭记，让英烈精神永远传承。

英烈已去，浩气长存。在实现中华民族伟大复兴的征程中，更需要英烈的英雄气概和崇高精神。让我们在习近平新时代中国特色社会主义思想的指引下，高举先烈的旗帜，踏着先烈的足迹前进，为实现中华民族伟大复兴的中国梦而努力奋斗！

萍乡市退役军人事务局

2024 年 6 月

目 录

萍乡市烈士纪念设施名录

市直属烈士纪念设施

萍乡革命烈士陵园

微信扫码进入导航

　　萍乡革命烈士陵园位于安源区安源镇，始建于 1984 年，经不断提升改造，现陵园占地面积 13320 平方米，建有烈士纪念碑、烈士纪念馆、烈士英名墙、无名烈士墓、烈士公墓区、英雄雕塑和烈士纪念亭，是集纪念、缅怀、展示、宣教、研究于一体的省级烈士纪念设施。

　　1951 年，时任中央人民政府副主席刘少奇在给安源镇工会的信中说："应该在安源建立一个纪念碑，并举行追悼会，以纪念安源一切死难的烈士们。"1984 年，萍乡市委、市政府领导在多方听取意见的基础上，决定在安源兴建萍乡革命烈士纪念碑，同时修建烈士陵园。

1984 年 10 月 24 日，萍乡革命烈士纪念碑破土动工，1986 年 10 月竣工，建有公墓区、无名烈士墓、纪念碑和悼念广场，占地面积 2250 平方米，耗资 44 万元。无名烈士墓为钢筋混凝土结构、直径 10 米的半球形；纪念碑由花岗岩砌成，高 13 米，正面是刘少奇手迹"萍乡革命烈士纪念碑" 9 个阴刻金色大字；悼念广场面积 360 平方米，一次性可容纳 700 余人。陵园大门为三孔排楼结构，上面有毛泽东手书的"发扬革命传统，争取更大光

荣"。

1985 年，萍乡市举行了隆重的烈士遗骨移葬仪式，朱少连、杨士杰、程昌仁、艾春发等革命烈士的遗骨被迁葬到公墓

内。1986 年 4 月 4 日，萍乡市委、市政府举行了纪念碑揭碑仪式。此后，在社会主义革命和建设时期，以及改革开放时期和新时代以来，因公殉职的烈士们也被安葬在此。

2005 年，萍乡市财政局全体同志捐资修建烈士英名墙。墙体为两块高 3 米、长 10 米的红色大理石石碑，

上面镌刻着记录在册的8109名烈士姓名与牺牲时的年龄。

1984年9月29日，设于安源半边街广场的萍乡革命烈士纪念馆正式开馆，建筑面积300余平方米，时任中共中央顾问委员会委员孔原题写馆名，后于1989年、1996年进行展陈提升。2016年该馆择址重建，正式迁入烈士陵园园区内，建筑面积1450平方米，展线长231米，馆藏文物300余件。纪念馆融基本展陈区、教育报告区、宣誓区、缅怀区等多个功能为一体，于 2020 年陈列布展并正式对外开放。展览以"永远铭记——萍乡英烈事迹展"为主题，主要分为"中国共产党的创建和大革命时期""土地革命战争时期""全面抗日战争时期""解放战争时期""社会主义革命、建设和改革时期""铭记先烈、继往开来"6 个部分，重点展示了 114 位萍乡籍和在萍乡牺牲的外地籍烈士的事迹。整个陵园绿树环抱，庄重肃穆，是开展爱国主义教育的重要场所。

1987 年 3 月，萍乡革命烈士陵园被正式批准为"江西省重点烈士纪念建筑物保护单位"，1997 年萍乡革命烈士纪念馆被命名为"全国爱国主义教育示范基地"。

延伸阅读：朱少连烈士

朱少连（1887—1929），湖南衡阳人。1922 年 1 月，参加安源工人夜校。同年 2 月加入中国共产党，历任安源路矿工人俱乐部副主任、安源大罢工副总指挥、路局主任、中共安源地委书记、中华全国总工会执行委员、株萍铁路总工会委员长等职。1922 年 10 月至次年 2 月，领导株洲转运局工人罢工取得胜利。1922 年 11 月，作为安源路矿工人俱乐部代表出席湖南省工团联合会第二届代表大会，当选为大会主席，并代表株萍铁路工人参加粤汉铁路总工会、全国铁路总工会筹建工作。1923 年 6 月，代表中共安源党组织出席中共三大，被选为第三届中央执行委员，任中央驻湘委，并当选为中华全国总工会执行委员。1927 年 4 月，代表中共安源地方支部赴武汉出席中共五大。1927 年 9 月参加秋收起义。1929 年 1 月，在萍乡牺牲。

【狱中遗言】

"革命是要死人的，我这次靠不住了。我两个孩子，请你照顾一下。"

"我并不是怕死，而是担心子贵、子金两个孩子以后生活不下去。你们今后不要离开组织，革命终究要流血的。"

"不要伤心，革命一定要胜利！"

注：朱少连在狱中的表现情况，迄今未看到任何历史记载，唯有安源老工人胡华全亲自到狱中看望过他。

安源老工人李会贤回忆："我记得朱少连被捕后的第二天，胡华全花了一块光洋买通看守去看朱少连，看到他在班房里上了几十斤的铁铐子，陷到肉里面去了。朱少连见到胡华全后，别的什么都没有说，只说'革命是要死人的，我这次靠不住了。我两个孩子，请你照顾一下'。朱少连已经作了牺牲的准备。"

安源老工人胡华全回忆："在民国十七年（1928年）底，我在牛角坡朱少连家里，见到朱少连的老婆谢清秀。我问：'朱少连主任哪里去了？'谢说：'朱少连与石作东一起，一到安源就被抓走，关到萍乡去了。'当时有工人苏金台在旁，我便向苏金台要了一块杂洋，第二天就到萍乡监狱，找到原在安源做工的现任监狱看守的姚贵生。我恳求姚想办法让我见见朱少连，后想了办法见面。朱一见我就流泪。我对朱说：'你不要急，我们去想办法把你保出来。'朱说：'我并不是怕死，而是担心子贵、子金两个孩子以后生活不下去。你们今后不要离开组织，革命终究要流血的。'我再安慰了朱一番，结果用那块杂洋买了几个包子和一根皮带给朱少连，我就回安源了。"

曾在安源生长、后被誉为"中国的保尔"的吴运铎在《把一切献给党》一书中写道："朱少连在就义前还给他岳母写信说：'不要伤心，革命一定要胜利！'"

（摘自《安源红色家书》，江西人民出版社2018年版）

【烈士故事】

铁骨铮铮

1927年，马日事变以后，国民党许克祥的反动军队打到安源，朱少连和刘昌炎等组织工人自卫，先后击退了围攻的反动军队和地方反动武装，保卫了安源。9月，毛泽东亲临安源，部署秋收暴动，朱少连奉命在株洲组织武装，破坏铁路，阻击从长沙方向进犯的敌人。秋收暴动失败以后，敌人在安源开始大屠杀，朱少连的连襟杨士杰等同志都遭到杀害，醴陵工会主任谢福生也被枪杀。朱少连挥泪掩埋了烈士的遗体，回到衡阳老家，暂避锋芒。1928年11月，由于叛徒出卖，朱少连和石作东同志一起被骗到安源，当晚就被捕，关进萍乡的道台衙门。安源工人见朱少连被捕，立即分头活动，准备劫狱抢救。不幸的是，当他们正在奔走准备的时候，反动派抢在前面下手了。

28日，天还未亮，蒙蒙细雨笼罩着大地，寒风吹得落尽了叶子的树枝摇摇摆摆。反动军队从监狱里押出了两个"共党要犯"，在萍乡的街道两边布满了持刀的卫兵。朱少连和石作东被押着艰难地走出牢房，沉重的脚镣随着他们迈出的步子发出了铿锵声响。他们全身是伤。朱少连白色的衣衫上现着一道道血痕，裤脚被撕开，脚踝骨都露在外面，每迈一步都和脚镣相碰，勒出血来。他紧咬牙关，黄豆大的汗珠从额上滚下来。他的腰骨已经打伤了，直不起来，可是他却坚毅地挺直了腰。

在小西门离铁路不远处，住着几个铁路工人，听到敌人的吆喝，匆匆从茅屋里跑了出来，附近的居民也赶来了，他们看见被押的是工会的主任，自己的同志，都忍不住失声哭了。朱少连看见了工人，心里一阵酸痛，他用手臂抹去眼角的泪珠，对工人们说："不要哭，革命不流血是不能成功的，我死了，十八年后又是一条好汉！"

反动派不许他讲话，用鞭子抽打他，用破布塞住他的嘴，把他押走了。在小西门的一块空地上，响起了罪恶的枪声，子弹穿过他的头部和胸膛，他倒在了血泊中……

荒地里的一根木电杆上，还张贴着湖南省清乡督办署提拿朱少连的通缉令。朱少连牺牲了，通缉令被风雨撕落了下来。但是，朱少连崇高的革命形象，却在安源工人的心中永远树立起来了！

（摘自《安源红色家书》，江西人民出版社2018年版）

延伸阅读：杨士杰烈士

杨士杰（1893—1928），出生于上栗县彭高镇坛华村一个贫苦的农民家庭。4岁丧父，14岁当学徒。1909年，16岁的杨士杰来到安源煤矿谋生，因长得眉清目秀，聪明机灵，被矿警队队长招为勤务兵。

1921年中国共产党成立以后，安源工人革命斗争在党的领导下逐渐风起云涌。杨士杰在斗争中阶级觉悟不断提高，利用矿警队的合法身份，为俱乐部探听情报，传递消息，并积极向党组织靠拢。1925年，他光荣地加入了中国共产党。此后，为了掌握矿警队这支反动武装，安源党组织陆续派革命同志打入其中，与杨士杰等同志里应外合，寻找有利时机，教育争取矿警队员。杨士杰成为我党在矿警队里从事革命活动的核心人物。

1927年，轰轰烈烈的大革命失败，白色恐怖笼罩全国。安源革命形势也急转直下。为了使矿警队牢牢掌握在我党手中，杨士杰和同志们一道处决了矿警队中的8名反动军官，为党在安源部署和发动秋收起义创造了条件。

1927年9月初，毛泽东同志在安源张家湾召开了部署湘赣边界秋收起义的军事会议，确定把安源矿警队改编为工农革命军第一军第一师第二团。杨士杰担任第五连连长。9月9日，秋收起义爆发。10日晚，杨士杰率领第五连战士，跟随第二团从安源出发，攻萍乡、打老关、占醴陵、克浏阳。他在战斗中骁勇善战，冲锋在前。不幸耳部中弹，他用布简单地包扎伤口后又继续战斗。9月16日，第二团在浏阳遭到敌军重兵伏击，部队被打散，杨士杰带领部分战士在湘赣边界坚持游击斗争。

1928年1月的一天，杨士杰回到萍乡，想给山上的同志们弄点干粮和咸菜，顺路看望妻子和刚刚出生的孩子，不幸被特务发现，被捕入狱。敌人把他捆绑在安源路矿工人俱乐部讲演厅的柱子上，敌营长亲自审讯，妄图从他嘴里得到共产党和游击队活动的情况。但杨士杰抱定了一个信念：严守党的秘密，永不叛党。任凭敌人怎样软硬兼施，他一个字也不肯说。敌人恼羞成怒，拿起皮鞭一阵猛抽。杨士杰被打得皮开肉绽，却不哼一声。凶残的敌人又将绳子一头吊着杨士杰一个手指，一头吊着一个脚趾，把他扯了起来，用烧得通红的烙铁，往他身上烙，杨士杰昏死了过去。经过几天的折磨，杨士杰体无完肤，被打得骨头都露出来了，但始终不肯向敌人低头。最后，这伙灭绝人性的家伙竟找来了几个七寸长的铁钉，穿过杨士杰的手心和脚心，把他钉在门板上，鲜血顺着铁钉突突地往外冒，门板全部被鲜血染红了，杨士杰疼得早已不省人事。

每当妻子来送饭时，杨士杰一边大口大口地吃着饭菜，一边说："下次多送点，吃饱了才能挺得住严刑拷打。"经过七天七夜的折磨，敌人无计可施，准备下毒手了。临刑前的那天，杨士杰对泪流满面的妻子说："你不要伤心，我是为共产主义事业、为天下老百姓的幸福而去的，是值得的。最对不住的是你们娘俩，我这辈子生活清贫，没能给你们留下什么，身上的这件血衣就留下做个念想吧。你一定要告诉我们的孩子，他的父亲是一名坚定的共产党员。"

1928年1月16日，正是农历小年。安源山大雪纷飞、寒风凛冽。杨士杰衣衫褴褛，遍体鳞伤，被押上刑场。他强忍着疼痛，一步一步艰难地挪动着，但目光坚毅，从容不迫。临刑前高呼的"打倒帝国主义！""共产党万岁！"的口号声在安源山谷久久回荡。那年他36岁。

（摘自《萍乡英烈谱》，江西人民出版社2010年版）

延伸阅读：涂正楚烈士

涂正楚（1900—1928），原名涂正初，湖南长沙人，出生于一贫苦农家，3 岁随全家迁往安源煤矿。12 岁辍学到煤矿机修厂当学徒。学徒期满后到长沙考入湖南兵工厂当机械工。1922 年 5 月，安源路矿工人俱乐部成立后，积极参加俱乐部的活动，在工人补习学校努力学习。9 月，参加了安源工人大罢工，成为罢工斗争的骨干。12 月，被派往萍乡上埠开展工人运动，帮助成立陶业工人俱乐部。1923 年，加入中国共产党，任机械修理厂党支部书记。1927 年 10 月，到长沙，任中共湖南省委委员兼长沙市委书记。1928 年 1 月 6 日，省委在他家开会研究暴动时，与湖南省委书记王一飞一同被敌人逮捕。10 天的严刑拷打，始终坚贞不屈。同年 1 月 16 日，英勇就义，年仅 28 岁。

【狱中遗言】

革命要胜利，就是要死人，这有什么哭的呢？

注：1928 年 1 月 6 日上午，王一飞、涂正楚等省、市党的负责人在涂正楚家的楼上开会被捕。开始，敌人并不知道他们的真实姓名和职务。由于叛徒出卖，敌人知晓真情，对涂正楚进行软硬兼施的审讯，但他志如钢铁，坚不吐实。他对携儿抱女前来探监、泣不成声的妻子说了这句遗言。16 日，涂正楚被敌人杀害于长沙教育会坪。同时英勇就义的还有省委书记王一飞和省委秘书长李子骥。

（摘自《安源红色家书》，江西人民出版社 2018 年版）

【烈士故事】

灰日暴动

1927年5月长沙马日事变后，为了反击敌人，中共湖南临时省委以省总工会和省农协的名义，下令各地工农武装在5月31日合攻长沙。涂正楚和刘昌炎、朱少连等积极响应，立即带领安源矿警队和工人纠察队近2000人，连夜赶到醴陵，同2万多醴陵农军会合，在"打倒许克祥，回家过端阳"的口号声中，浩浩荡荡奔赴株洲。30日，担负前锋任务的安源工人武装在涂正楚等人指挥下，于长沙附近的易家湾与敌人展开了激烈的战斗。后因传来上级党组织关于停止进攻长沙的命令，涂正楚等人率部撤出战斗，返回安源。

1927年，党的八七会议后，毛泽东回湖南领导湘赣边界秋收起义。8月31日晚，毛泽东来到株洲，召集会议，部署株洲暴动。株洲区委书记陈永清请求毛泽东派一名懂军事的同志来指导暴动。过了几天，涂正楚奉命来到株洲，任区委军事委员。区委根据上级指示，决定9月10日（农历中秋节）在株洲发起暴动，攻打团防局。涂正楚协助暴动总指挥朱少连制定好行动方案后，即去株洲近郊的八迭乡组织工农武装，后因故暴动改

在12日深夜举行。在朱少连的指挥下，涂正楚亲自率领一支工农武装，配合其他两路友军，勇猛地冲向团防局。刚一接火，团防局40多人即慌忙逃命，起义队伍一举缴获步枪12支，很快控制了株洲全镇。涂正楚率部与朱少连、陈永清等人在株洲车站汇合，举行庆祝大会。次日清晨，敌人纠集兵力疯狂反扑，因敌众我寡，起义队伍被迫撤出株洲城。

1927年10月，涂正楚调任湖南省委委员兼长沙市委书记，继秋收暴动后在两湖的武汉、长沙等地，举行以工人为主力的城市大暴动，夺取政权。12月初，王一飞、涂正楚等省、市党的负责人在涂正楚家里召开会议，分析敌我斗争形势，决定于12月10日（即灰日）在长沙举行暴动，并作出了具体部署。起义队伍分为三路——中路攻打省政府的一些主要机关和监狱，南路捣毁南门的湖南电灯公司，北路由涂正楚负责捣毁北门的光华电灯公司。省委书记王一飞亲自指挥攻打反动的省军事厅。考虑到仅有少量枪支和几百枚土制手榴弹，特要求各级工会广泛动员工会会员和工人群众参战，对郊区和长沙县的农协

也作了相应的部署。

10日上午，涂正楚来到党的秘密活动点——北门的德湘亭茶社（现工人文化宫处），召开市内各级党、团组织和工会负责人会议，检查暴动的准备工作，确定当晚8时在全市统一行动。

在凛冽的寒风中，北路的起义队伍按时到达了指定位置，其中有长沙第一纱厂和新河火车站及附近一带工厂的200多名工人，还有许多学生和农协会员。大家同仇敌忾，斗志昂扬。8时整，在北门指挥暴动的涂正楚一声令下，起义队伍奋勇地冲向第一个攻击目标——光华电灯公司。击毙门卫，直扑发电车间，捣毁了发电机。顿时，北区一片漆黑，枪声四起。接着，又攻下了新河警察署，占领了新河车站。北路起义队伍越战越勇，许多饱受压迫的民众也纷纷前来参战助威。枪声杀声爆炸声响成一片，烈火腾空而起，照红了城北上空。

可是，南路起义队伍出师受挫，负责捣毁湖南电灯公司的同志，因被敌人发觉，未能按时完成任务。全城南明北暗，南北未能配合。驻城守敌则集中兵力扑向北门，全城戒严，截断交通。由于情况突变，攻打省政府的中路起义队伍也未能按原计划行动。北路起义队伍陷入孤立。最后涂正楚只得下令撤出战斗。

"灰日暴动"失败后，长沙城内的大街小巷，到处可见荷枪实弹的军警捕杀共产党人和革命群众，白色恐怖更加严重。但是，涂正楚并没有被敌人的残酷屠杀所吓倒。他更加坚定、机智地带领同志们顽强地与敌斗争。一天深夜，十分劳累的涂正楚摆脱了敌探的跟踪，来到堂妹涂凯初家。涂凯初十分关切地对涂正楚说："二哥，外面风声这么紧，你还是避开一下为好。"涂正楚激昂地答道："这个时候，我怎能离开自己的岗位！我现在想的不是后退，而是前进。"

1928年1月6日上午，王一飞、涂正楚等省、市党的负责人，又在涂正楚家的楼上开会，根据党中央指示精神，总结"灰日暴动"的教训，决定举行农历年初暴动。会议结束后，王一飞留下和涂正楚等人继续研究工作。快正午时分，不料一群国民党军警向"五栋公馆"涂正楚家扑来。涂正楚听到妻子在大门口发出的报警信号，立即招呼大家下楼转移。但敌人已将五栋公馆层层包围，王一飞、涂正楚和妹妹涂志新等人被捕。

涂正楚和王一飞被捕后，关押在警察署。开始，敌人不知道他们的真实姓名和职务。由于叛徒出卖，供出真情。敌人欣喜若狂，对涂正楚进行软硬兼施的审讯，但他志如钢铁，坚决不吐实。他对携儿抱女前来探监、泣不成声的妻子说："革命要胜利，就是要死人，这有什么哭的呢？"

1928年1月16日，涂正楚被敌人杀害于长沙教育会坪。同时英勇就义的还有省委书记王一飞和省委秘书长李子骥。

涂正楚壮烈牺牲时，年仅28岁。烈士遗体安葬在长沙市城四十九标（现东风广场附近）。1928年，党中央机关刊物《布尔什维克》登载了涂正楚事略，中共六大代表名录还为他写了生平简介，赞扬他是"安源万余工人的首领之一""群众暴动的首领"。

（摘自《安源红色家书》，江西人民出版社2018年版）

萍乡市烈士纪念设施名录

安源区烈士纪念设施

黄钟杰烈士墓

微信扫码进入导航

　　黄钟杰烈士墓位于安源区东大街街道新建社区谭家巷，建于1912年。

　　黄钟杰，中国同盟会湘赣外务部员，1910年4月8日被杀害。根据黄兴的指示，国民党萍乡县党部于1912年在萍乡城南门外铁路旁的宝积寺前建造了黄钟杰烈士墓，将烈士忠骨迁葬于此，以供萍乡人民世代瞻仰。

　　墓地四面有水泥栏杆围护，墓前的石牌坊上，刻有黄兴的题词"光昭吴楚"，牌坊正面镌刻了"黄烈士钟杰之墓"七个醒目大字。墓座西侧有内外挽联各一副：外联是"一死结成新世界；万山罗拜此英魂"，内联是"为祖国捐躯，倡义先声垂宇宙；择名山葬骨，稽勋旷典炳旗常"，内横匾是"气壮山河"。新中国成立后，

黄钟杰被民政部门追认为革命烈士。

　　1982年，萍乡市政府、市民政局对黄钟杰烈士墓进行了整修，占地面积269平方米。2001年，萍乡市政府又对其进行了维修，并在墓座左侧建造了黄钟杰烈士雕像。

　　黄钟杰烈士墓于1984年被列为"市级文物保护单位"，2018年被公布为第六批"省级重点文物保护单位"，2022年被列为"县级烈士纪念设施"。

延伸阅读：黄钟杰烈士

黄钟杰（1882—1910），又名载生、直生、黄骥等，1882年6月19日出生在湘东区湘东镇黄堂村谷冲一个农民家庭。

黄钟杰自懂事起，目睹晚清时期帝国主义列强入侵中国，清朝政府腐败无能，经济衰败，民不聊生，社会黑暗到了极处的现实，他就对清朝政府憎恨无比，并决心投身反清救国斗争，拯救劳苦大众于水深火热之中。1900年，八国联军攻陷北京，到处烧杀掳抢，奸淫妇女，而清朝政府却昏庸无耻一味退让，竟与列强签订了丧权辱国的《辛丑条约》，割地赔款，同时加紧对百姓的压迫剥削。更为可恶的是，清政府还与入侵者相互勾结，共同镇压曾一度"扶清灭洋"的义和团运动。消息传到黄钟杰就读的萍乡中学，他义愤填膺，夜不能寐，串联并组织进步同学展开革命活动，坚决反对当局签订的《辛丑条约》。他首先剪掉辫子，表示对清朝政府的不满，那时被人们看作是大逆不道。学校校长将他视为不道之生，当即开除出校。黄钟杰为了完成学业，只好远走他乡，前往袁州中学（现宜春中学）就读。尽管如此，但他摒弃黑暗、追求光明的初衷始终未改，入校后仍继续组织进步社团，秘密从事反清革命活动。1904年，黄钟杰参加了其战友熊公福组建的"我群社"革命团体。不久，黄钟杰又被袁州当局发现，袁州当局派出军警在校区搜索捉拿他。黄钟杰临危不惧，冒死冲出重围，直奔长沙，寻找华兴会领导人黄兴。

黄兴是国民党的缔造者之一，是著名的政治家和军事家，被尊称为民国初年的三巨人之一。黄兴对黄钟杰十分欣赏，留他在清末资产阶级革命团体华兴会工作。从此，黄钟杰一直与黄兴并肩战斗，直到1905年8月，华兴会与兴中会（中国最早的资产阶级革命团体）、光复会（浙江地区的反清革命团体）、日知会（湖北地区的反清革命团体）等在日本东京联合组成中国同盟会。

中国同盟会成立后，黄钟杰被任命为中国同盟会湘赣外务部员。从此，接受中国同盟会和孙中山先生的直接派遣，辗转于萍乡、浏阳、醴陵一带，积极开展革命工作，四处发动群众，播撒革命火种，散发同盟会主编的报刊——《民报》。他经常深入煤矿和醴陵清军营中，与那些同情革命的工人、士兵促膝谈心，发展同盟会会员100多人，壮大了革命阵营。

腐朽没落的清朝政府为维护其反动统治，大肆屠杀革命党人和进步群众。此时，黄钟杰的三叔害怕株连九族，多次苦苦劝告他终止革命活动。黄钟杰断然谢绝了三叔的规劝，并斩钉截铁地说："头可断，血可流，革命事业不可不为。"因此，清政府视他为眼中钉、肉中刺，到处张贴通缉令，要将他缉拿归案。

1910年2月，正在从事革命组织宣传工作的黄钟杰在萍乡浏市街头不幸被捕，反动当局如获至宝。清政府军机处档案里保存了一份宣统二年（1910年）寄江西巡抚冯汝骙的电旨，其中有这样一段记载："奉旨：拿获萍乡一带会匪黄再（载）生即黄骥等，分别正法监禁……所有该匪供出余匪，仍著督饬严密查拿，毋任漏网。钦此。"当局还命令江西巡抚要从黄钟杰口中"撬出"同盟会成员名单，妄图将革命者一网打尽。

在狱中，黄钟杰大义凛然，视死如归。反动当局为使他供出同盟会的其他同志，软硬兼施，用尽酷刑，但都无济于事。反动当局更加疯狂地摧残黄钟杰，几次都将他打得昏死过去，又用冷水浇醒逼他供出"同党"。黄钟杰忍着剧痛冷笑道："睁开眼睛一个没有，闭着眼睛尽是！"气得审讯官满脸发青，但又无可奈何。

黄钟杰自知凶狠的敌人肯定不会放过自己。在狱中，他挥毫作诗明志，以示自己"驱除鞑虏，恢复中华"和为大众福祉不惜献身的决心：

无端风雨荡残舟，
黄汉衣冠作楚囚。
我欲鞭露重起露，
好教割破一方秋。

久将身世付尘埃，
生死原来只刹那。
大好头颅向天掷，
血中溅出自由花。

1910年4月8日，凶残的敌人磨刀霍霍，准备杀害黄钟杰。临刑前，牢中照例摆上一桌丰盛的"送行"酒席，但黄钟杰满腔怒火，一口没吃，抬腿一脚，踢翻了公案桌子。传说这一突然勇猛举动，将主审官冯汝骙吓病了，回到袁州（宜春），33天后一命呜呼。当日，黄钟杰在萍乡县城西郊，高呼口号，慷慨就义，年仅

29 岁。

黄钟杰烈士壮烈牺牲后，各界人士都十分怀念这位革命先驱。反动当局为了追杀"同党"，对其家属和战友亲朋进行严密监视，所以大家只好将烈士简单安葬在黄家屋场后山上。悼念活动也只能秘密进行，时任中国同盟会调查部长的焦达峰（辛亥革命后任湖南省第一任都督，后被立宪党人杀害），就曾秘密到黄钟杰家进行吊唁。黄兴在 1912 年 2 月给黄钟杰亲属书信一封，以表怀念之情，在信中特别关切地提及迁墓之事。信中写道："启者：兹鄙人邮寄银洋壹百元，敬为载生（即黄钟杰）烈士迁葬之资，已请国民党支部喻君相平等转致，望仰妥收是幸，手此即颂近祉。"是年冬天，时任全国矿务督办和全国铁路督办的黄兴，利用来萍乡安源勘矿、参观的机会，亲自探望了黄钟杰烈士亲属，黄钟杰的妻子李宜珍带着大儿子黄慰尧、次子黄慰国、三子黄慰舜拜见了黄兴。黄兴十分同情这孤儿寡母，沉默不语地伸出温暖的双手，分别抱抱这三个孩子，以表达抚慰之情。并当即含泪挥毫留下墨宝"光昭吴楚"，赠予黄钟杰烈士家属。他指示国民党萍乡县党部拨款 400 元，建造烈士墓。黄兴还在萍乡安源张赞辰家（现在的张公祠）亲自主持召开了黄钟杰烈士的追悼会。

（摘自《萍乡英烈谱》，江西人民出版社 2010 年版）

黄静源烈士殉难处纪念碑

微信扫码进入导航

　　黄静源烈士殉难处纪念碑位于安源区安源镇半边街广场，建于1926年，坐北朝南，高2.4米，宽1.56米，长2.6米，占地面积40平方米，1984年10月被列为"萍乡市文物保护单位"，2018年3月被列为"江西省文物保护单位"。

　　黄静源是湖南郴州人，安源工人运动领袖。1925年9月21日被反动军阀逮捕，随即被押往萍乡监狱。在狱中20多天，他始终不为敌人的

威逼利诱所动摇，10月16日被敌人枪杀在半边街广场。黄静源牺牲后，安源工人不畏强暴，于次日将烈士遗体秘密抬至醴陵，隆重装殓，再用火车将灵柩运往长沙。

1926年9月，北伐军到达安源，恢复了安源路矿工人俱乐部，并改名为萍矿总工会。萍矿总工会领导工人开展了一系列政治活动，10月16日，召开2万多群众参加的大会，纪念黄静源等烈士牺牲一周年，在安源建立了"黄静源烈士殉难处"纪念碑。碑文由株萍铁路总工会委员长朱少连撰写。

【黄静源简介】

黄静源（1900—1925），湖南省郴州市良田镇人，1921年冬加入中国共产党，1924年春，被派到安源，1925年初，当选为安源路矿工人俱乐部的副主任，领导工人进行斗争，不断取得胜利，令反动当局恐惧。

1925年9月21日凌晨，黄静源正在开会，军阀突然包围了俱乐部。黄静源命令大家从密道撤走，自己却站在原地，恳切地说："我是俱乐部的负责人，敌人没有抓到我，会更疯狂地捕杀工人。留下来是我的责任，你们快走！"

敌人妄图从黄静源身上找出安源地区党组织的线索，对他进行了20多天非人的折磨，最终一无所获。

10月16日，反动当局以"传播赤化，扰害治安"为罪名，将其押至路矿工人俱乐部前的半边街广场。

面对枪口，黄静源大声质问："我犯何罪？"刽子手说："你还要打倒帝国主义吗？"黄静源连声高呼："打倒帝国主义！打倒军阀！恢复俱乐部！中国共产党万岁！"口号声中，刽子手们慌忙开枪，黄静源壮烈牺牲，时年25岁。

【烈士书信】

黄静源写给亚领的信①（摘录）

秉彝②已卸却他的责任了……但是，他的担子还没有真卸却，不过他现在不能挑了，他的担子，"可我们兼挑了"！

亚领！你哭秉彝吗？我想你一定止不住你从感情所流出来的热泪！其实一点不足悲，他已完成了他的志愿；我们只有努力奋斗，来安慰他的魂灵！……

注：①朱其华（1895—1945），本名朱雅林，字亚领，浙江海宁人。中共早期党员。童年时曾在印刷厂当学徒。1921年加入中国共产党，1929年脱党。抗日战争爆发后，在西安国民党中央军校七分校任少将政治总教官，1941年被指控有通共嫌疑而被捕下狱，1945年被害。

②何秉彝（1902—1925），字念慈，四川彭县人。1924年积极参加中共领导的革命活动。同年12月被选为上海大学学生会执行委员。不久，任上海学生联合会秘书，共青团上海地委组织主任。1925年加入中国共产党。同年5月30日参加五卅示威游行，遭帝国主义巡捕镇压，中弹牺牲，时年23岁。黄静源于1924年末到上海，曾和朱其华、何秉彝见过一面，后常和朱其华通信联系。这是1925年五卅惨案后，黄静源写给朱其华的最后一封信的摘录。未料几个月后，黄静源也"卸却了他的担子""完成了他的志愿"。

（摘自《安源红色家书》，江西人民出版社2018年版）

【烈士誓言】

黄静源就义前的铿锵誓言

"我黄静源身为俱乐部的负责人，俱乐部为安源一万二千多名工人谋利造福，这是光明正大之事业，何谓乱党，哪里有违法？"

"办工会，是为了工人的利益。咱们工人阶级组织起来，反对帝国主义军阀和官僚资本的压迫，是应该的，是必要的。正因为工人兄弟被你们这般东西剥削得一无所有，所以，他们才穷，我黄静源是穷人的兄弟，今天脱了牢笼，明天又要去搞工人运动。就是你们把我杀了，也还有人要搞，你们阻止不了！"

"工友们！不要难过，不要流泪，革命总是要流血的；杀了一个黄静源，还有千万个黄静源！"

"打倒帝国主义！""打倒军阀！""恢复俱乐部！""中国共产党万岁！""工人阶级万岁！"

注：黄静源被捕后，镇守使李鸿程对他软硬兼施，妄图从他身上找出安源地区党组织的线索，将共产党人一网打尽。他宁死不屈，巍然屹立，严词驳斥敌人对工人运动的诬蔑，最后被敌人杀害。

（摘自《安源红色家书》，江西人民出版社 2018 年版）

高自立烈士故居

微信扫码进入导航

　　高自立烈士故居坐落在安源区青山镇源头村，包括高自立故居、高自立广场、高自立生平陈列馆。

　　高自立烈士故居占地面积253平方米，是一栋民国时期的农家住宅，属于典型的泥砖土房，四间两进，两开天井。故居于2019年5月开始设

计并动工，以"修旧如旧"的原则恢复原貌，12月2日正式对外开放，见证高立自同志从嗷嗷待哺到参加革命的历程。

高自立广场占地面积约3500平方米，正中央矗立高自立全身铜像。铜像高3.2米，基座高1.8米，通高5米。褐红色大理石基座正面，镌刻着高自立的生平简介。2019 年 7 月 1 日，铜像正式落成。

陈列馆建筑面积 312 平方米，以丰富的史料陈列、生动的故事讲述，全面介绍高自立的生平事迹，再现高自立克己奉公、崇尚勤俭、作风清廉的一生。

高自立烈士故居于 2022 年被列为"县级烈士纪念设施"，是集党员教育、廉政教育、革命传统教育、爱国主义教育于一体的教育基地。

延伸阅读：高自立烈士

高自立 (1900—1950)，原名高志立，号省烦，化名李友生、周和生，安源区青山镇源头村人。

1926 年 10 月加入中国共产党，在萍乡从事工人运动。1927 年马日事变后，负责恢复萍乡县工会、农会组织。后奉命带领百余名安源工人赴武汉，编入国民革命军第二方面军总指挥部警卫团。同年 9 月参加湘赣边界秋收起义，后随部队参加创建井冈山革命根据地的斗争，曾任红四军三十一团连党代表、第三纵队支队党代表。1930 年起，任红四军三纵队政治部政务处长，红十二军三十四师政治委员，红一方面军第六十四师政治委员，第三军政治委员，率部参加中央苏区第一至四次反"围剿"。1932 年任红五军团十五军四十三师政治委员，6 月调任十五军政治委员兼军长，率部参加漳州、南雄水口等战役。1933 年任中央革命军事委员会后方办事处政治委员，中华苏维埃共和国临时中央政府工农检查部副部长、代部长。1934 年 1 月被选为中华苏维埃共和国中央执行委员，任中央政府土地部部长。同年 6 月赴莫斯科，出席共产国际第七次代表大会，当选为共产国际监察委员会委员。1938 年回国后任陕甘宁边区政府代主席兼党团书记、副主席兼民政厅厅长、边区政府委员兼建设厅厅长和边区政府秘书长等职。1945 年起，任中共中央冀察热辽分局委员兼财经委员会书记、东北行政委员会冀察热辽办事处副主任等职。1950 年 1 月 9 日在沈阳病逝，后被追认为革命烈士。

【烈士家书】

高自立写给女儿的一封信①

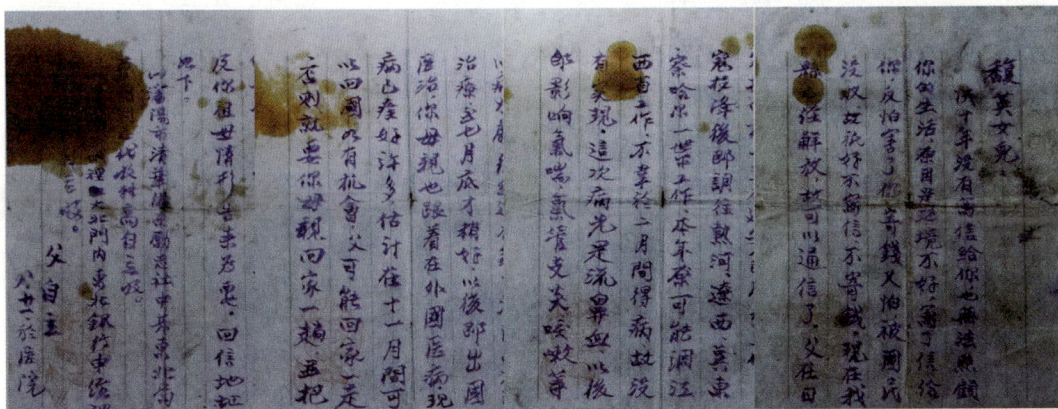

馥英女儿：

　　快十年没有写信给你，也无法照顾你的生活，原因是环境不好，写了信给你，反怕害了你，寄钱又怕被国民（党）没收。故只好不写信、不寄钱。现在我县②已经解放，故可以通信了。父在日寇投降前一直在延安工作，日寇投降后即调往热河、辽西、冀东、察哈尔一带工作……如有机会，父可能回家一走，否则就要你母亲回家一趟，并把你也接来，接信后即把家中情形及你祖母情形告来为要。

　　回信地址如下：沈阳市清华街原励志社中共东北局，华刊同志代收转高自立收。

父字

八·廿一于医院

　　注：①这是自1925年离家参加革命后，高自立与素未谋面的女儿之间的第一封家书。

　　②家乡原萍乡县，1949年7月23日解放。

（摘自《安源红色家书》，江西人民出版社2018年版）

【烈士家书】

高自立写给女儿的回信

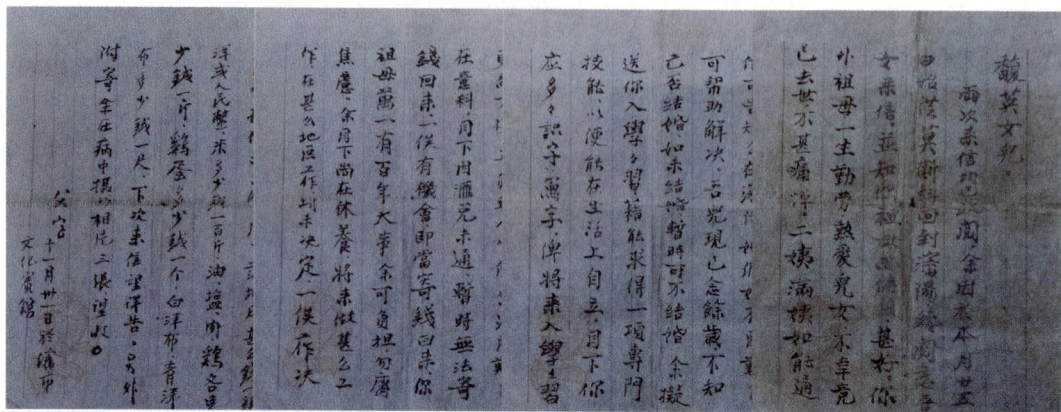

馥英女儿：

　　两次来信均已收阅，余因于本月二十五日始从莫斯科回到沈阳终阅悉吾儿来信，并知你祖母尚健在，甚好。你外祖母一生勤劳，热爱儿女，不幸竟已去世，不甚痛悼……吾儿现已二十余岁，不知已否结婚，如未结婚，暂时可不结婚，余拟送你入学学习，即能求得一项专门技能，以便能在生活上自立。目下你应多多识字、写字，俾将来入学学习更为方便。吾家无人劳动，生活困难，自在意料……余目下尚在休养，将来做什么工作，在什么地区工作，均未决定，一旦工作决定，即当接你来余处。

　　目下萍城用什么钱（银洋或人民币），米多少钱一百斤，油、盐、肉、鸡各多少钱一斤，鸡蛋多少钱一个，白洋布、青洋布多少钱一尺，下次来信望详告。另外，附寄余在病中摄的相片三张，望收。

父字

十一月三十一日于沈市文化宾馆

　　注：为让身有残疾的女儿能自强自立，高自立拟送她入学求得一项专门技能。在病重休养期间，高自立仍然心系各地经济民生，并让女儿来信详告萍乡经济情况。

（摘自《安源红色家书》，江西人民出版社 2018 年版）

萍乡市烈士纪念设施名录

湘东区烈士纪念设施

云程岭烈士陵园

微信扫码进入导航

　　云程岭烈士陵园位于湘东区云程路云程岭顶峰，建于1944年，前身为抗日烈士骸骨塔，由云程岭抗日阵亡将士骸骨塔和湘东区零散烈士墓地集中安置点组成，现有烈士墓163座，园区总面积40000余平方米。

　　1944年6月至9月，侵华日军先后两次由浏阳、醴陵进犯萍乡，驻萍国民革命陆军第五十八军、七十二军、九十九军奉命在湘东地区阻击，给日寇以沉重打击，迫其撤退。1944年冬，在湘东云幡岭（现名云程岭）顶峰修建"抗日阵亡将士骸骨塔"，将600余名阵亡的抗日将士骸骨置葬于内，刻碑立志，以为纪念。

1992年，湘东区人民政府拨出专项资金，以琉璃瓦盖顶、水泥结面、大理石为碑，按原貌加以全面整修。塔正北著原"塔志铭"的大意，并镌刻了400余字的"重修记"。

2014年5月，相关部门对园区环境和基础设施进行改造提升，将湘东区在新民主主义革命时期、社会主义革命和建设时期、改革开放和社会主义现代化建设新时期牺牲的163位烈士墓迁移葬于此地，并对骸骨塔实施了原貌保护维修，更名为云程岭烈士陵园。

抗日阵亡将士骸骨塔于1984年被批准为"市级文物保护单位"。云程岭烈士陵园于2015年被命名为"萍乡市爱国主义教育基地"，2020年被列为"区级烈士纪念设施"，2021年被列为"市级烈士纪念设施"。

彭树敏烈士纪念广场

微信扫码进入导航

　　彭树敏烈士纪念广场位于湘东区腊市镇腊市村山下组，紧邻麻凤公路，建于2014年。广场占地面积为

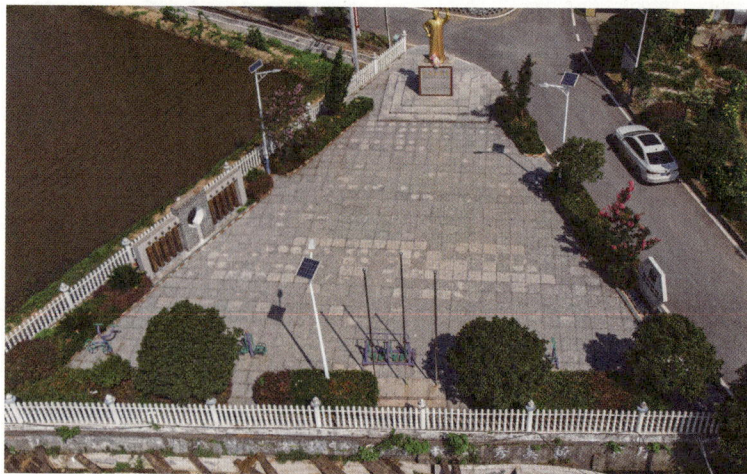

300平方米，立有彭树敏烈士塑像，塑像高5.8米，基座上刻有彭树敏生平事迹简介。

彭树敏烈士纪念广场2015年被命名为"湘东区爱国主义教育基地"，2021年被列为"区级烈士纪念设施"。

延伸阅读：彭树敏烈士

彭树敏（1897—1926），字蒲前，湘东区腊市镇腊市村人。1915年毕业于萍乡中学。五四运动后，赴北京法文专修馆补习法语。1920年，赴法国勤工俭学。1922年，加入旅欧社会主义青年团，积极参加当地各项革命活动。1924年，加入中国共产党。同年秋，被派往莫斯科东方劳动大学学习。1925年，五卅惨案后，奉调回国，被分配到江西安源从事工人运动，负责宣传教育工作。1926年初，调至郑州，从事郑州铁路工人运动，以后又去天津从事军运工作，后又调到北京从事党的地下工作。同年7月，被派回江西九江组织铁路工人罢工斗争。同年9月，被反动军阀拘捕入狱。9月18日，敌人以"谋反叛逆，捣乱国政"的罪名，将他杀害于浔阳江畔。

【烈士故事】

坚贞不屈，英勇就义

彭树敏，1897年6月4日出生于一个贫苦农民家庭。1903年，彭树敏开始上学。1911年，考入萍乡县立中学。1915年毕业。由于家庭经济困难，学费无着，无法继续升学。随后，只好就读于外祖父家之私塾，学习"四书五经"。彭树敏自小就很喜爱阅读各种书籍，所以深受新思潮的影响，萌生了忧国忧民的思想。特别是俄国十月革命和中国五四运动，激发了他的爱国热忱，不由产生了出国留洋学习科学的想法，以遂报国救民之愿。鉴于旅法勤工俭学的学生经济困难，江西旅法勤工俭学学生会在彭树敏的倡议下，联名向江西省政府请求拨款救济。1922年初，旅法勤工俭学的学生终于获得江西省政府拨给的一笔救济款。

在圣乃德做工的同学领到救济款后，陆续经由留法勤工俭学总会介绍，进入各地学校工读，彭树敏则留在巴黎工读。

1922年7月11日，彭树敏加入旅欧中国社会主义青年团。1924年，中共旅欧支部批准彭树敏转为中国共产党党员。1924年9月，中共旅欧支部决定从留法勤工俭学学生中选派一批党员、团员去苏联学习。江西籍的彭树敏、傅烈、饶来杰3人和聂荣臻、蔡畅、穆青等27人，从巴黎出发，经柏林、汉堡，渡过波罗的海，到达苏联的列宁格勒。10月，进入莫斯科东方劳动者共产主义大学中国班学习。在中国班学习的还有罗觉、陈延年、王若飞、叶挺、刘伯坚、朱克靖、熊雄、肖复之、袁玉冰等人。

彭树敏在东方劳动者共产主义大学学习期间，认真钻研马列主义基础理论和国际共产主义运动史、俄国十月革命史，受到系统的马克思列宁主义的理论教育。

彭树敏还积极参加学校中共党组织的活动，认真完成党组织交给的任务，并积极参加对外联络活动，向日本、朝鲜、越南等国的同学了解他们国家工人运动和民族革命的进展情况，帮助他们联系本国斗争实际学习革命理论，与他们建立了亲密的关系。

1925年上海五卅惨案后，国内革命运动风起云涌，迫切需要干部。彭树敏、黄镜、饶来杰等5人奉命回国，参加国内革命斗争，彭树敏被派回江西，到安源从事工人运动。

在安源，彭树敏主要做宣传教育工作。他灵活运用学到的马列主义理论，精心研究安源工人运动发生和发展的斗争实际。在全国工人运动再度兴起，安源工人运动面临官僚买办、军阀联合进攻的关键时刻，他和安源党组织及其领导一起竭力工作，引导工人采取灵活的斗争策略，退却防御，积蓄力量，待机再起。1926年初，彭树敏奉调离开安源到郑州，从事铁路工人运动。

1926年，北伐军攻克湖南后，于9月初向江西萍乡、宜春一带进军。为了声援北伐，党组织派彭树敏到九江工作。9月初，彭树敏到达九江，寓居九江河街春和客栈，以照相营业为掩护，秘密进行革命活动。

不料，北洋军阀孙传芳部密探早已侦悉熊好生等人正在组织南浔铁路工人罢工，遂于9月11日深夜将熊好生家团团围住。熊好生因事外出未归，在场的只有彭树敏和南浔铁路工会会员杨家洪、彭冰生3人。一些有志之士曾想方设法保释其出狱，但反动军阀为镇压一切反抗力量，拒不同意保释。

彭树敏自知在世之日有限，遂口述遗嘱，请监狱难友彭冰生捎信转告家中："我已为国捐躯，不孝罪大。然忠孝不能两全，请老父善自珍重，继母在堂亦同。侄儿辈，量彼心性，当读者读，当耕者耕，莫失祖先遗风。绅侄要出洋，我已托密友介绍入党。各兄弟中有灵敏侄儿，把一个传我后，要读书，继我志，各弟念在手足之情，谅必为我做到。"

9月18日，反动军阀以"谋反叛逆，捣乱国政"的罪名，将彭树敏枪杀于浔阳江畔。彭树敏就义时，历数军阀罪行，大呼："打倒军阀！打倒帝国主义！国民革命成功万岁！"军阀杀害彭树敏后剖开心腹，割下头颅，悬挂于九江闹市示众。

10月，北洋军阀杀害彭树敏的消息传到萍乡，萍乡各界在彭树敏家乡腊市万寿宫举行了有数千人参加的追悼会。中共安源地委书记刘昌炎参加吊唁，并撰挽联一副："记苏联同学，郑州共事，君愿努力革命，报党报国，早存斯志；痛帝国侵凌，军阀横行，吾侪健全分子，而今而后，又弱一人。"这副挽联表达了萍乡各界人民对彭树敏为革命英勇献身的崇高敬意和深切悼念。

青霞山烈士陵园

微信扫码进入导航

青霞山烈士陵园位于湘东区东桥镇界头村，始建于2001年，现总面积约1500平方米，有烈士墓68座。

青霞山早在嘉庆年间已开基建庵，革命战争年代，是我党的重要秘密联络点。仁人志士在这里聚会、商议、借宿。

2001年，界头村全体村民自发捐资在陵园边修建了忠烈亭以示纪念。2014年，东桥镇政府带领群众，整修了青霞山烈士纪念广场，修建了烈士纪念碑，供后人缅怀先烈。

青霞山烈士陵园于2015年被命名为"湘东区爱国主义教育基地"，2021年被列为"区级烈士纪念设施"。

水洋烈士陵园

微信扫码进入导航

　　水洋烈士陵园位于湘东区白竺乡水洋村大村组，建成于 2014 年，建筑面积为 1200 平方米。

　　1922 年至 1928 年期间，在中国共产党的领导和组织下，萍乡掀起了革命斗争高潮，在白竺坳溪、水洋等地牺牲的革命同志就有 55 位。

　　为更好地宣传革命烈士事迹，2013 年白竺乡政府整合散葬烈士墓，统一规划，并征求烈士后代意见，将51座烈士墓迁葬于水洋烈士陵园。2019年7月9日、2020年7月12日，受两次特大暴雨影响，水洋烈士陵园基础设施遭到严重破坏。2020年12月，当地政府对烈士纪念碑、烈士墓、纪念广场地面等进行维修改造，园区环境得到提升。

水洋烈士陵园于2015年被命名为"湘东区爱国主义教育基地"，2021年被列为"区级烈士纪念设施"。

萍西烈士陵园

微信扫码进入导航

　　萍西烈士陵园位于湘东区排上镇排上村乙家山组，始建于20世纪70年代。

　　从1929年秋开始，排上、东桥、官陂等地一万余名农民群众在中国共产党领导下，为反抗剥削和压迫，与反动当局进行了艰苦卓绝的斗争。抗日战争期间，人民群众积极投身于抗日救国运动。众多英雄儿女献出了宝贵的生命。

为缅怀先烈，激励后人，20世纪70年代初，民众自发收敛忠骨，将其安葬于此地。2014年，排上镇政府对烈士陵园进行了整修翻新，建有烈士纪念碑一座，有姓名籍贯的烈士墓75座。该处已成为湘东区开展爱国主义教育的重要场所。

萍西烈士陵园于2015年被列为"湘东区爱国主义教育基地"，2021年被列为"区级烈士纪念设施"。

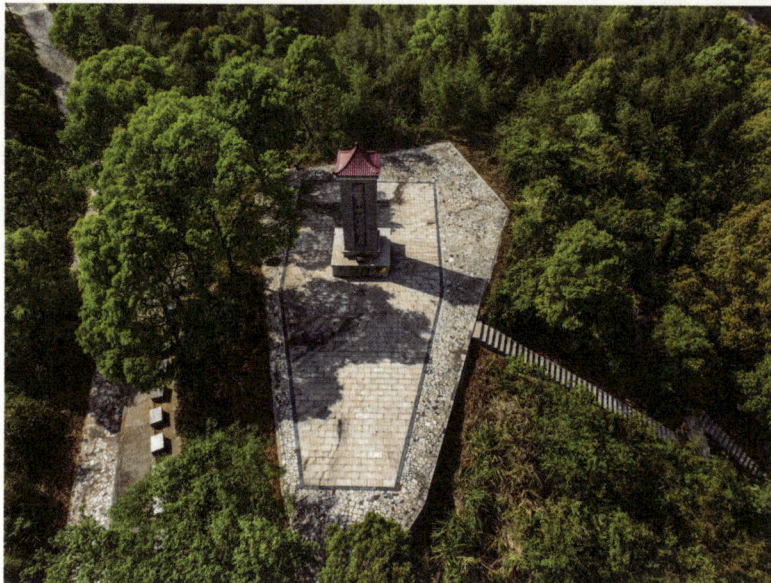

苏坊烈士陵园

微信扫码进入导航

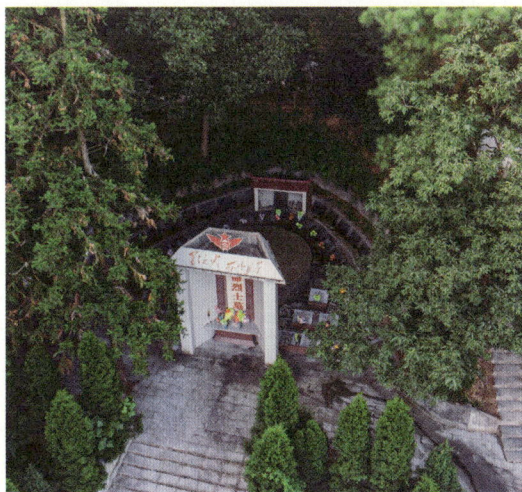

　　苏坊烈士陵园位于湘东区麻山镇苏坊村，毗邻湖南醴陵。

　　1927年10月，井冈山革命根据地创建以后，红军战士和革命群众密切协作，秘密向井冈山革命根据地运送药材、食盐等紧缺物资。苏坊成为这条秘密运输线的必经之路，不少革命同志在途经苏坊时，被地主反动民团杀害，葬于山间地头。

　　为纪念和缅怀在苏坊牺牲的革

命先烈，2014 年麻山镇政府将新民主主义革命时期、社会主义革命和建设时期牺牲且分散各处的 53 位革命烈士遗骨迁移合葬于此，修建了纪念碑。

苏坊烈士陵园于 2021 年被列为"区级烈士纪念设施"。

钟鼓寨烈士陵园

微信扫码进入导航

　　钟鼓寨烈士陵园位于湘东区东桥镇草市村钟鼓寨山腰处，始建于1984年。

　　1932年萍乡县保安团危宿光在草市驻扎反共义勇队，由汤斌成带领，在钟鼓寨上设观察哨、建碉堡，给红军在这一带的活动造成极大危害。1933年5月5日凌晨，红军队伍分

兵三路向钟鼓寨发起进攻，击毙队长汤斌成。除少数敌人从后山逃跑外，余者全歼。此次战斗，部分红军战士献出了宝贵的生命。

为纪念牺牲的革命烈士，东桥镇政府将散葬烈士遗骸陆续迁至钟鼓山，1982年修建烈士纪念碑，1984年完成17位烈士遗骸的迁入工作，2012年对陵园进行提升改造，现陵园占地面积达300平方米。

钟鼓寨烈士陵园于2011年被批准为"区级文物保护单位"，2015年被命名为"萍乡市爱国主义教育基地"，2021年被列为"区级烈士纪念设施"。

坑背红军墓

微信扫码进入导航

　　坑背红军墓位于湘东区东桥镇坑背村刀背岭组，由红军烈士墓和零散烈士集中安葬园区组成。

　　红军烈士墓主人姓刘，名字不详，江西永新县人，1900年生。墓后有碑，记载烈士事迹：1927年秋收起义爆发，红军刘连长带领一支小分队在下埠发起农民运动，打土豪，除恶霸，与靖卫团激战了三天，由于武器落后，最终失败。

刘连长带着文件和战友撤离到刀背岭，在老虎坡又遇到反动武装，再次与敌人交战。敌人机枪扫射，红军寡不敌众。刘连长左腿中弹，鲜血洒落山岗，他看形势不妙，要求其弟和另外两名战友带上文件赶快撤离，前往井冈山，自己拼命掩护，与敌人决战到底，他子弹打尽，再用大刀与敌人拼杀，光荣牺牲。住在山上的老村民刘庚芬带领家人把刘连长安葬于刀背岭。村民先后三次自发修复墓地，以表达对红军烈士的敬仰之情。

　　集中安葬园区总面积近300平方米，栽种青松柏树200余棵，中间矗立高12米的烈士纪念碑。园区现有墓60穴，已安葬11名烈士。

坑背红军墓于2015年被命名为"湘东区爱国主义教育基地"，2021年被列为"区级烈士纪念设施"。

石甲坊烈士公墓

微信扫码进入导航

  石甲坊烈士公墓位于湘东区排上镇石甲坊村，为纪念王开明、欧阳恢佳烈士而修建。

  1928年，在湘赣边界坚持斗争的赣西游击营分别发动腊市、下埠战斗，攻打当地反动地主武装。随后，国民党反动派疯狂反扑，杀害共产党人和革命群众数百人。革命志士王开明牺牲在下埠德福庵，时年 22 岁；欧阳恢佳牺牲在安源，时年 45 岁。

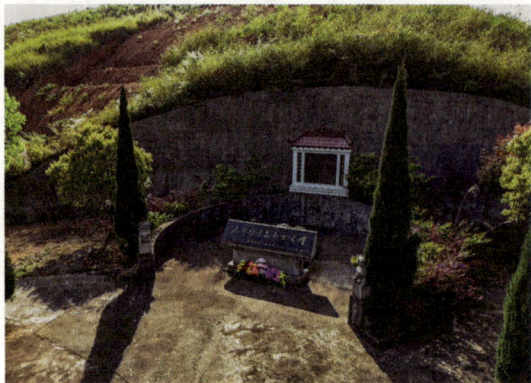

2011 年，当地政府重新选址，在山塘尾修建"石甲坊烈士公墓"，同年 7 月建成，将埋葬村里的几位烈士迁葬于此，并刻碑记录了王开明、欧阳恢佳、刘培甲、欧阳协国、欧阳幹、邓福从 6 位烈士的英名和主要事迹。2013 年进行提升改造，增补了张安怡等烈士。

石甲坊烈士公墓于 2015 年被命名为"湘东区爱国主义教育基地"。

萍乡市烈士纪念设施名录

芦溪县烈士纪念设施

卢德铭烈士陵园

微信扫码进入导航

　　卢德铭烈士陵园位于芦溪县上埠镇山口岩，始建于1983年。为纪念湘赣边界秋收起义总指挥卢德铭和在芦溪山口岩战斗中牺牲的战士，2007年至2019年间，相关部门在原卢德铭烈士墓的基础上进行了扩建。

　　陵园总占地面积约42175平方米，主要由陵园大门（含浮雕文化墙）、卢德铭烈士纪念碑、卢德铭纪念馆、秋收起义烈士纪念碑、秋收起义名人雕塑园等组成。

　　卢德铭烈士纪念碑碑高7米，为卢德铭全身花岗岩塑像，碑身正面刻有杨得志手书的"卢德铭烈士纪念碑"8个大字，背面大理石上刻着卢德铭的生平事迹。

卢德铭纪念馆建筑面积 860 平方米，分上下两层。馆内有 3 个展览厅，一楼为蜡像厅、山口岩战斗演示厅，二楼为实物展览厅。

秋收起义烈士纪念碑通高 15.6 米，由萧克题写碑名。纪念碑底座四面塑有浮雕图案，西面是张家湾曙光，北面是血战山口岩，东面是引兵井冈，

南面是湘赣边界秋收起义历次战斗中牺牲的部分烈士名单。

秋收起义名人雕塑园共有 15 尊秋收起义重要人物的半身雕像，分别是毛泽东、卢德铭、余贲民、王新亚、宛希先、熊寿祺、潘心源、徐麒、何挺颖、罗荣桓、谭政、何长工、钟文璋、彭商仁、王耀南。

卢德铭烈士陵园于 2009 年被列为"全国重点烈士纪念建筑物保护单位"，

2010 年被命名为"萍乡市国防教育基地""萍乡市青少年爱国教育基地"，2011 年被命名为"江西省国防教育基地""江西省爱国主义教育基地"，2019 年被列为"萍乡市廉政教育基地""萍乡市党性教育现场教学点"，2020 年被列为"萍乡市党性教育基地示范点""芦溪县退役军人思想教

育基地",
2022 年被列
为"少先队
校外实践教
育基地""红
领巾讲解员
实践教育基
地"等。

延伸阅读：卢德铭烈士

卢德铭（1905—1927），四川宜宾双石乡（今属自贡）人。1925 年 6 月毕业于黄埔军校（第二期）后，先后担任叶挺独立团二营四连连长、营长。1927 年 6 月，担任国民革命军第二方面军总指挥部警卫团团长。南昌起义爆发后，卢德铭于 8 月 2 日率警卫团 2000 余人追赶南昌起义部队。因没有赶上，警卫团来到修水驻扎。后接安源会议通知，警卫团改编为工农革命军第一军一师第一团，卢德铭担任秋收起义部队总指挥。

1927 年 9 月 21 日，毛泽东率起义部队由浏阳文家市出发。9 月 24 日，部队到达芦溪，晚上在靠山的更田、沈家祠一带宿营。9 月 25 日拂晓，起义部队开拔，当行至山口岩时，遭到敌军伏击，第三团陷入包围之中。在这危急时刻，卢德铭挺身而出，率领一个连返回山口岩阻击敌人，掩护后续部队撤离，激战中不幸中弹牺牲，年仅 23 岁。

【烈士书信】

卢德铭家信（节选）

陈炯明叛变了，第一次东征失败。我们组织学生军去讨伐他，现在把陈反革命陈逆驱赶到广东去了。我们打败了敌人，我心里高兴。①

我不是不怀念家庭，其实我也想念父母和兄嫂侄儿等。在梦中曾发呓语，呼喊权一（卢德铭的大侄子）、少南（卢德铭的小侄子）。醒来时，同志们笑我说，参谋长还在思乡呢！②

现时局转变，为了不连累家庭，今后我暂时不寄家书了，你们也不要来信！我没有钱寄回去。家中如果没有钱用，可将杨家时那十几石租卖了。③

如果瑞勤（注：未婚妻）真要等我，则我对她有几点要求：一要读书；二要革命；三不要缠脚……④

注：①1925年2月，时年20岁的卢德铭，在参加征讨广东军阀陈炯明的战斗后，写下这封家书，字里行间，对革命怀着饱满的热忱。

②在卢德铭短暂而光辉的生命中，对亲人的思念常常在家书中呈现。

③1927年"四一二"反革命政变后，卢德铭怕连累家人，写下了最后一封家书。

④在卢德铭烈士陵园，仍然保存着关于他南征北战之余，写给家人信件中的一些片段，这些文字既彰显着这位革命先烈的坚定信念，也表达了一名在外游子对亲人的真挚思念。至今读来，仍令人动容。

（摘自《安源红色家书》，江西人民出版社2018年版）

【烈士故事】

革命的一生，战斗的一生

1924 年秋，卢德铭经孙中山推荐，被黄埔军校破格录取，进入第 2 期步兵队学习。同年年底加入中国共产党。1925 年 2 月，参加讨伐军阀陈炯明的东征战役。毕业后留校，在政治部组织科当科员。

北伐建功

1925 年 2 月，卢德铭任东征学生军侦探长，率学生军 60 人参加讨伐陈炯明的战斗，数次化装潜入陈炯明军侦察情报，提供了大量兵力、将官部署、火力配备的信息，为主力部队做出正确的战斗指挥提供了有力的保障。

1925 年 11 月，叶挺独立团在广东肇庆成立，卢德铭任该团二营四连连长，随部队在广东西江、高要、广宁一带反击地主武装，帮助当地成立农会，开展农民运动。

1926 年 5 月，叶挺独立团担任北伐军先锋，卢德铭随团进发。6 月初，率部坚守渌田镇，打垮进攻部队，并主动发起反击，最终全歼敌人。在平江、汀泗桥、贺胜桥战斗中，卢德铭表现优异，战功卓著，晋升为第一营营长。攻克武昌后，独立团改编为第二十四师第七十三团，卢德铭任参谋长。

参加毛泽东领导的秋收起义

1927 年 6 月，国民革命军第二方面军总指挥部在武昌成立警卫团，卢德铭受中国共产党委派担任团长。时值马日事变后，湖南大批共产党员和革命群众遭到杀害，上级党组织决定把在湖南工作的一批领导骨干转移到武汉。卢德铭利用职务便利，将宛希先、何挺颖、何长工安排在警卫团担任各级干部，既保存了革命力量，又加强了中国共产党对这支部队的领导。

1927 年 8 月 1 日，周恩来、贺龙、叶挺、朱德、刘伯承等发动南昌起义。卢德铭与团参谋长韩浚、团指导员辛焕文研究，决定响应南昌起义，利用张发奎的调令将部队带走。8 月 2 日，他率领警卫团 2000 余官兵东下，前往江西南昌参加起义。然而，当部队抵达奉新县时，得知起义部队已南下，未赶上南昌起义，并且由于张发奎部队的堵截，警卫团与南昌起义部队联系中断。于是改变计划，卢德铭将部队带到湘鄂赣三省交界的修水休整待命，并与中共湖南省委负责人夏曦取得联系。夏曦命令卢德铭继续参加南昌起义。当途经武汉时，当地党领导向警予请示中央，否定了夏曦的命令，令其返回原部队。卢德铭在农协干部的护送下返回修水，参加毛泽东领导的秋收起义。

坚决支持毛泽东率
起义部队上井冈山

1927年9月9日，卢德铭率领警卫团参加毛泽东领导的湘赣边界秋收起义，部队改编为工农革命军第一军一师一团。卢德铭任工农革命军第一军第一师师长、中共湖南省委前敌委员会委员，并任起义部队总指挥。当天，他率起义部队一团从修水西门出发，到渣津一带宿营。

10日，部队攻下朱溪厂，越过修水、平江边界，打下了平江的龙门厂。

11日，部队路过金坪攻打长寿街时，腹背受敌，情况危急。为保存革命实力，他反对硬拼，当即组织反击，然后安全撤退，带领一团向浏阳转移。起义部队原计划夺取长沙，后因双方力量悬殊，各起义部队先后受到挫折。此时，党内出现意见分化，师长余洒渡坚持"取浏阳直攻长沙"的意见；毛泽东提出改变攻打长沙，转向山岭中进行武装割据的主张。卢德铭坚决支持毛泽东的作战计划和主张，支持起义部队上井冈山。会议上经过激烈争论，最后通过了毛泽东的主张。

21日，工农革命军在毛泽东领导下，由浏阳文家市出发，向井冈山进军，经桐木、小枧，24日到达萍乡芦溪宿营。

25日拂晓，部队从芦溪更田村宿营地出发，江西军阀朱培德部队江保定保安特务营和江西第四保安团从萍乡赶来尾随追击。部队行进在离开芦溪15里的山口岩时，后卫第三团遭敌军数路夹击，部队损失严重。为掩护部队前进，卢德铭挺身而出，从前队折回，带领一个连抢占高地阻击特务营和保安团，同时指挥被打散的第三团官兵向前卫部队靠拢，在此过程中被一颗子弹击中右胸，壮烈牺牲。毛泽东痛惜不已，高喊："还我德铭！"

（摘自《安源红色家书》，江西人民出版社2018年版）

王麓水烈士纪念碑

微信扫码进入导航

　　王麓水烈士纪念碑位于芦溪县长丰乡宗里村，距萍乡市城东南35千米处。为纪念王麓水烈士，长丰乡人民政府于2017年对原王麓水故居进行修复，建成王麓水事迹展览馆。2019年，完善麓水广场、文化长廊等附属工程，使纪念设施总面积达5429平方米。

　　王麓水烈士纪念碑矗立在麓水广

场中央，纪念碑底座长 4.8 米、宽 4.8 米、高 2.7 米，碑高 10.03 米，正面镌刻着"王麓水烈士纪念碑" 8 个大字。

王麓水事迹展览馆建筑面积约 864 平方米，共分序厅和三个部分。序厅概述王麓水将军的革命历程；第一部分为名人碑刻，展出朱德、陈毅、董必武、罗荣桓、肖华、许世友等题词刻碑 15 块；第二部分为生平事迹，主要展示王麓水将军的光辉革命事迹；第三部分为"百年优良家风育人才"，讲述优良家风的独特作用。

王麓水烈士纪念碑于 2021 年被列为"市级烈士纪念设施"。

延伸阅读：王麓水烈士

王麓水（1913—1945），又名王培岳，芦溪县长丰乡宗里村人。1926年加入中国共产主义青年团。1930年奔赴井冈山，入湘赣边区红四军随营学校学习。1932年5月加入中国共产党，曾任红四军排长、连长、连政治指导员，红一军团政治保卫局科长、第二师五团特派员，参加了中央苏区第一至五次反"围剿"和长征。到陕北后，任红一军团第二师五团政治委员。

1937年，抗日战争全面爆发后，王麓水任八路军第一一五师三四三旅六八五团政训处主任，参加了平型关战斗。战斗中身先士卒，负伤后仍坚持指挥。1938年起任第三四三旅补充团政治委员、第一一五师晋西支队政治部主任，率部转战晋西地区。1940年随陈士榘率部挺进山东，参与创建滨海抗日根据地。1942年起任山东纵队第一旅政治委员，中共鲁南区委书记兼鲁南军区政治委员，率部多次粉碎日伪军的大"扫荡"和国民党顽固派的袭击，成功指挥了平邑松林村伏击战和微山湖解围战等战役战斗。同时，组织根据地军民发展生产，实行减租减息，坚决贯彻执行党的政策，及时纠正了"左"的偏向，为巩固和发展鲁南抗日根据地做出了卓越贡献。

1945年8月，王麓水任山东军区第八师师长兼政治委员，同年12月率部围攻滕县（今滕州）城，亲临阵地前沿哨所观察地形，指挥作战，不幸中弹，壮烈牺牲，年仅32岁。"身是萍乡一雇工，参加革命显英雄。鲁南解放开新局，痛惜城郊未竟功。"这是王麓水牺牲后董必武所写的题词，概括了王麓水壮烈的一生。

【烈士故事】

出奇制胜，智夺枪支

王麓水家住萍乡长丰乡宗里，是通往莲花县的必经之路。秋收起义部队上了井冈山后，国民党反动势力日益猖狂，大肆捕杀共产党人和革命群众，加紧对井冈山的封锁，妄图困死这支新生的革命力量。为了粉碎国民党反动派的阴谋，打破敌人的封锁，加强与萍乡地下党组织的联系，把起义部队所需物资运往井冈山，来往宗里的革命同志也越来越多，王麓水同志的家便成了萍乡通往井冈山的联络处和落脚点。为了保护这条交通线畅通，壮大人民武装力量，湘赣边区特委决定建立莲花红军独立团，并派安源市委夏益笃和莲花县党的负责人陈竞进、张子铭来组建这支队伍。这时，王麓水同志已是湘赣边区苏维埃政府机关工作人员，担任秘书工作。

1928年冬，夏益笃、陈竞进、张子铭等同志来到王麓水家商量从敌人手里夺取枪支，来充实地方武装。国民党反动派为封锁萍乡与莲花的交通，在陆公（萍乡与莲花交界处）设立靖卫队，由地主杨良善担任队长，有百余人枪。会上，王麓水同志建议利用莲花赤卫队未被缴去的两条枪，于夜间，采取佯攻的办法，在空油瓶里点燃鞭炮，配合放枪，来迷惑吓唬敌人，乘天黑和敌人混乱之机，攻进楼房去夺取枪支。大家都同意这个办法，当即决定，从宗里挑选30名精壮同志，配合莲花独立团，由王麓水、陈竞进担任指挥。

除夕这天晚上，靖卫队聚在大厅里，划拳饮酒，寻欢作乐。这时，王麓水、陈竞进带着队伍把装好爆竹的竹筒和装好鞭炮的油瓶，神不知鬼不觉地运到靖卫队住处周围。当靖卫队喝得醉醺醺时，王麓水和陈竞进命令赤卫队，点燃鞭炮，顿时"砰砰""哒哒"像枪炮一样的响声和喊打喊杀声响成一片。突如其来的袭击，使醉得晕头转向的靖卫队乱成一团，队长杨良善也不知从哪里来的大部队，连连叫喊："红军来了，快从后门撤出去。"堵在后门的赤卫队员看到敌人要从后门逃跑，一边放枪，一边高喊"缴枪不杀""红军优待俘虏"。这些靖卫队员以为真的碰上了红军大部队，便乖乖地放下武器，举手投降。战斗结束，缴获步枪32支，子弹千余发。这一胜利，既打击了反动武装的嚣张气焰，又武装了地方红军。有了这批武器，莲花红军独立团于1928年4月宣告成立，陈竞进同志为红军独立团团长。

（摘自《安源红色家书》，江西人民出版社2018年版）

涧口烈士纪念塔

微信扫码进入导航

　　涧口烈士纪念塔位于芦溪县宣风镇盘田村涧口，始建于 1951 年。

　　1930 年秋，彭德怀、黄公略率红五军路经宣风，帮助群众在京口村建立苏维埃政权，附近乡村也先后建立了苏维埃政权，革命烈火越烧越旺。红军挺进福建后，反动势力卷土重来，各地苏维埃政权均遭到破坏。盘田乡主席黄世洪、地下党员温书贤等 32 名革命同志相继惨遭杀害。

　　为缅怀英烈，当地政府于 1951 年建造纪念塔，2016 年对纪念塔进行维修，对主体进行维修加固，完善了周边

配套纪念设施。在纪念塔前修建烈士墓和墓碑，墓碑基座正下方安葬烈士遗骸。墓体采用混凝土材料建成，呈长方形。墓碑为砖石水泥结构，中间部分顶端为尖塔形，左右两部分顶端为拱形设计，表面贴有白色瓷砖。墓碑上方正中有红色五角星，下方为拱形门，门两边书有一副对联，上联"为国捐躯流芳百世"，下联"人民建塔永志千秋"，横批"永垂不朽"。

纪念塔高 6.5 米，正面刻有"革命烈士纪念塔"7 个大字，基座上刻有 32 位烈士为国捐躯的英雄事迹。纪念塔及其附属设施占地面积 1400 多平方米，整个革命纪念塔显得简朴而庄严。

涧口烈士纪念塔于 2019 年被列为"县级烈士纪念设施"。

芦溪镇林瑞笙烈士墓

微信扫码进入导航

　　芦溪镇林瑞笙烈士墓位于芦溪县芦溪镇林家坊村，建于1952年，2019年维修改造，建有纪念广场与纪念碑，被列为"县级烈士纪念设施"。

　　纪念广场占地面积1200平方米，植有苍翠的松柏，地面铺设长条形大理石，四周砌有大理石栏杆。纪念碑矗立在广场前端，通高12米，正面镌刻着"永垂不朽""林瑞笙烈士墓"10个金色大字。

【林瑞笙简介】

　　林瑞笙（1908—1935），字焕然，号一新，芦溪县芦溪镇林家坊村人。1922年考入萍乡中学，1923年加入中国社会主义青年团，后到萍乡煤矿当工人，不久担任安源煤矿工人夜校教员。1925年5月加入中国共产党，1927年参加八一南昌起义。后赴苏联学习。1930年秋回国后，任中共中央巡视员，被派往苏区工作。7月底任中共湘赣临时省委组织部长兼政治保卫处长。1931年11月任中共湘赣临时省委书记。1934年7月，接到调中央苏区工作的通知，因路途受阻，未能及时赶到瑞金随中央红军长征，留在湘赣苏区工作。1935年4月，国民党军队重兵围剿武功山地区，林瑞笙随萍乡县委从麻田岩下向宜春古庙转移，路经万龙山白木坳时与敌人遭遇，在指挥战斗中壮烈牺牲，年仅27岁。

晏军生烈士纪念碑

微信扫码进入导航

晏军生烈士纪念碑位于芦溪县长丰乡宗里村。

1992年，长丰乡政府在晏军生牺牲的地方修建了纪念设施，2013年进行了改造与扩建，总占地面积270余平方米，包括晏军生烈士纪念碑、爱国主义主题广场和周边绿化地带，可容纳100余人同时参观瞻仰。

晏军生烈士纪念碑通高6米，基座长2米、高1米、宽1米，分别印刻着晏军生的肖像和生平简介，2022 年被列为"县级烈士纪念设施"。

【 晏军生简介 】

晏军生（1958—1992），莲花县人，中共党员，转业军人，吉安地区汽车运输公司莲花县分公司客车驾驶员。

1992 年 2 月 1 日，他驾驶载有 29 名乘客的 33-00779 号东风客车从莲花县开往萍乡市，行至高埠岭路段时，突然发现车上两名歹徒将事先暗藏在布袋里的炸药包点燃。他一个箭步冲过去，一边大声呼喊旅客下车，一边抱起冒烟的炸药包冲出车外。在跑到离车身一米多远时，炸药包爆炸了，晏军生倒在血泊中，当天中午 12 时 15 分，经抢救无效，壮烈牺牲，时年 34 岁。

1992 年 2 月 25 日，晏军生被江西省交通厅授予"人民的好司机"荣誉称号；3 月 3 日，被江西省人民政府批准为革命烈士；4 月 1 日，被交通部授予"人民的好司机"光荣称号，被中华全国总工会追授全国"五一劳动奖章"。

宣风镇易简烈士墓

微信扫码进入导航

　　宣风镇易简烈士墓位于芦溪县宣风镇虹桥村禁山下，始建于民国时期。

　　新中国成立后经过两次修缮。修缮后绿树常青，素花点缀，显得简朴而高雅，庄重而肃穆，占地面积达 14666 平方米，绿化面积达 12666 平方米。

　　2008 年 3 月 29 日，易简烈士墓隆重揭碑，成为开展爱国主义教育的重要场所。墓园内建有易简烈士墓及墓碑，碑高 9.99

米，寓意易简烈士的英雄事迹将永久留在人民心里。墓碑中间刻有"易简烈士之墓"6 个镏金大字。墓碑基座正面刻有易简墓志。易简烈士的灵柩安葬在墓碑的正后方，墓体采用混凝土材料，呈半球形。走下台阶，右侧是易简烈士的塑像，左侧是刻有易简烈士生平事迹的石碑。

2014 年，在墓园左侧 100 米处，新建零散烈士安葬点，占地面积约 1400 平方米，迁入烈士 17 名。

宣风镇易简烈士墓于 2008 年被列为"县级革命烈士纪念建筑物保护单位"，2019 年被列为"县级烈士纪念设施"。

延伸阅读：易简烈士

云黯盱江水沸波，夺我上将奈若何！

再造江西百余日，易公卫权功最多。

以身殉国身不死，上为日月下岳河。

宁都人民抒哀感，一字一泪一悲歌。

这是易简烈士灵柩运至宁都时，在省立第十一中学礼堂举行追悼大会，由前清举人邱和鸣先生撰写的挽诗，讴歌了北伐军易简将军为国捐躯的英雄气概，记述了民众悼念易简将军的悲痛情景。

易简（1889—1926），芦溪县宣风镇竹垣村人。自幼聪颖，好文爱武。中学毕业后，先后进入湖北武昌军官预备学校、河北讲武堂和保定军官学校学习。1911 年毕业于保定军官学校第二期。

1911 年武昌起义爆发后，易简加入李烈钧所领导的赣军，历任见习排长、排长、连长、营长、团师参谋长等职，率部转战于粤、桂、赣、闽等省，1917 年参加了孙中山领导的护法战争。1924 年国共合作后，参加创建广东革命根据地的多次战役。1925 年任国民革命军第十四军第一师师长，配合湖南、湖北革命军开辟北伐战争中的江西战场。

1926 年 10 月 20 日，易简率部进攻抚州城东，在文昌桥上中弹阵亡，时年 37 岁，后被追授为国民革命军陆军中将。1984 年，经江西省人民政府批准，被追认为革命烈士。

新泉革命烈士公墓

微信扫码进入导航

新泉革命烈士公墓位于芦溪县新泉乡垅下村，2014年4月建成，占地面积约2700平方米，园区松柏苍翠，墓碑排列整齐，已迁入零散烈士墓52穴。

新泉乡是革命老区，新民主主义革命时期，在中国共产党的领导下，大批仁人志士为了国家的独立、民族的解放，前仆后继，英勇奋斗，献出了宝贵的生命。全乡记录在册的烈士 205 名，均镌刻在英名墙上。

南坑镇烈士集中安葬地

微信扫码进入导航

　　南坑镇烈士集中安葬地位于芦溪县南坑镇乾村，2022年4月开始设计并施工，同年9月20日完工。

　　陵园占地面积1200余平方米，主要纪念建筑有纪念广场、纪念碑、烈士墓，并完善了绿化、路面硬化等配套设施。

　　广场正中屹立着花岗岩墓碑，碑上镌刻"革命烈士永垂不朽"8个大字及烈士姓名，纪念碑后是青翠松柏环绕衬托着的弧形烈士陵墓，安放着70名南坑籍烈士遗骸。

张佳坊乡烈士集中安葬地

微信扫码进入导航

张佳坊乡烈士集中安葬地位于芦溪县张佳坊乡杨佳田村，建于2014年，占地面积2000平方米。

在创建湘赣革命根据地斗争中，张佳坊乡人民踊跃参军，捍卫红色苏维埃政权，血洒疆场。全乡在册烈士116名，已找到骸骨31具，均已迁至陵园安葬。

萍乡市烈士纪念设施名录

上栗县烈士纪念设施

上栗镇烈士纪念碑

微信扫码进入导航

　　上栗镇烈士纪念碑原名上栗镇狮形岭革命烈士纪念碑，位于上栗县上栗镇新民村狮形岭上，始建于1970年，为纪念在1949年7月解放萍乡战斗中光荣牺牲的烈士而建。

　　1949年春，为了歼灭盘踞湘鄂赣边界的白崇禧主力，中国人民解放军第四野战军决定同时发起宜沙战役和湘赣战役。湘赣战役打响后，解放军四十五军一三五师前卫四〇五团，7月20日从宜春慈化经桐木至上栗，与从湖南逃窜来敌遭遇，双方展开激战。解放军战士鲁来友、熊才文等3人中弹牺牲，副连长李明和班长应福奎、战士徐贵3人负重伤，送到设在上栗新建山背狮形岭下的师救护所，经多天抢救无效牺牲。人民解放军于7月23日进驻上栗。

1970年4月15日，为纪念应福奎等6位烈士，当地政府在狮形岭上建立烈士纪念碑，收敛6位烈士的遗骸葬于此。2016年、2021年，又先后两次对纪念碑进行修缮，改扩建了纪念广场与烈士墓集中安葬区，现总

占地面积1200平方米。

纪念碑坐西南朝东北偏30度，高11.5米，长4.5米，宽3.36米，分为基座、碑座、主碑和碑顶四个部分，基座由三层大理石台阶组成。碑座高1.2米，为深灰色大理石建造，碑座正面刻有狮形岭烈士纪念碑简介，主碑正面刻有"人民英雄永垂不朽"8个镏金大字。

纪念广场地面铺设大理石，四周有大理石栏杆。烈士墓集中安葬区位于纪念碑后侧，现有烈士墓 105 穴。

上栗镇烈士纪念碑于 2022 年被列为"市级烈士纪念设施"。

桐木镇烈士陵园

微信扫码进入导航

  桐木镇烈士陵园位于上栗县桐木镇桐木村凤形山，始建于 1986 年。

  桐木镇是湘赣边界秋收起义部队途经地和中国工农革命军活动地。1927 年至 1931 年，毛泽东和彭德怀先后带领起义部队经桐木镇进行战略转移，并扩红 200 余人，在桐木镇留下了革命火种。土地革命战争时期，全镇先后有 699 名在册烈士和 2000 余名无名烈士。

  1986 年，当地政府将烈士墓群修建为桐木镇烈士陵园，2014 年重建。修缮原有烈士墓并迁葬 57 座。2021 年，桐木镇政府按照上级要求，着手进行散葬烈士墓迁入烈士陵园工

作，到 2022 年，新修烈士墓
52 座，完善道路 500 余米，绿
化和相关配套设施得到进一步
完善。

现烈士陵园占地面积
40000 余平方米，集中安葬了
原散葬于乡间的 109 位烈士的
遗骸。园内建有革命烈士纪念
碑、烈士公墓区和烈士纪念亭
等。革命烈士纪念碑高 14.9 米，
"1" 寓意只有一个中国，"49"
是中华人民共和国成立时间
1949 年。纪念碑底部周围刻有
革命烈士浮雕和碑文。纪念区
下方的小型英雄广场建有英烈
墙，刻有全镇 699 名烈士的名
字。

该陵园于 2022 年被列为"市级烈士纪念设施"。

上栗镇斑竹山烈士陵园

微信扫码进入导航

上栗镇斑竹山烈士陵园位于上栗县上栗镇斑竹村，始建于1983年。

1928年1月17日，中共安源市委所属上栗区委趁小年的机会，一面策划驻扎在上栗的国民党靖卫队兵士哗变，一面组织农民武装进攻上栗靖卫队驻地。由50多人组成的武装队伍，里应外合，激战半小时，取得了战斗的胜利。第二天拂晓，队伍开往上栗以南的斑竹山，随即成立工农革命军直辖第二团，很快形成了以斑竹山为根据地的萍北武装割据。不到一个月，恢复了上栗的工会和农会，成立了十几个乡农民协会，并筹备建立工农兵苏维埃政府。

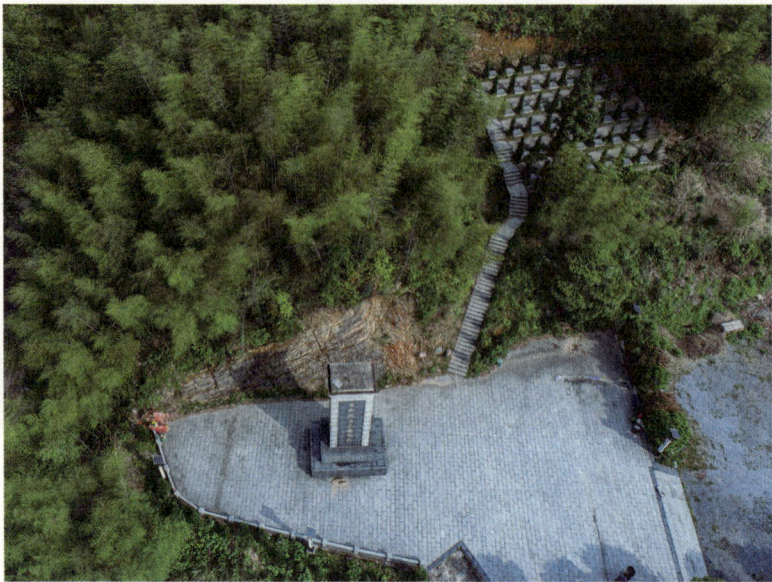

为纪念斑竹山起义，1983 年当地政府修建斑竹山起义纪念碑，坐北朝南，后历经 2016 年、2017 年修缮，现占地面积 600 平方米。碑顶插有一面五星红旗迎风飘扬，纪念碑正面书写"革命烈士永垂不朽"8 个大字，四周刻写了斑竹山起义简介，以及斑竹山起义部分领导人物和革命烈士的名字。

改造后的烈士陵园面积 1400 平方米，四周修建了大理石台阶，栽种了翠绿的松柏。当年埋葬在红薯窖的斑竹山起义烈士遗骸已迁至烈士陵园。现烈士陵园安放着有名烈士墓 25 座，无名烈士墓 2 座，预留烈士墓 17 座。烈士陵园下方即斑竹山起义红二团指挥部凌云寺，占地面积 200 平方米，在原址改造后已重新对外开放。

上栗镇斑竹山烈士陵园于 2020 年被列为"县级烈士纪念设施"。

鸡冠山乡烈士陵园

微信扫码进入导航

　　鸡冠山乡烈士陵园前身是革命烈士纪念室，位于上栗县鸡冠山乡庙背村王二仙庙旁边，建于1986年。

　　1929年至1930年间，"萍六区苏维埃政府"和"萍六区十九乡苏维埃政府"驻扎在王二仙庙。1930年至1931年间，国民党反动派3次洗劫庙背革命力量，鸡冠岭上林家、吴家、朱家、廖家等五户房屋均被烧毁，革命家庭及无辜群众共66户遭到洗劫。朱祖良、朱耀圣等15人先后被关押，共有36人光荣牺牲。

　　1986年，当地政府修建了庙背烈士纪念室，挂上了"萍六区苏维埃政府旧址"和"萍六区十九乡苏维埃政府"的牌匾，并建立革命烈士纪念碑以示缅怀纪念并激励后人。2015年，将原来的烈士纪念室改名为"鸡冠山乡烈士陵园"，在王二仙庙南边新辟场地进行扩建。

扩建后的陵园由纪念碑、烈士公墓区、英名墙和大理石台阶四部分组成。纪念碑分底座、中座、碑体三层，

底座长4.3米、宽3.68米、高0.4米，中座长3.68米、宽3.5米、高1.38米，正面刻有碑文，碑体长2.45米、宽2米、高8.5米，碑体正面刻有"革命烈士永垂不朽"8个镏金大字；纪念碑东、西两侧各有烈士墓27穴和37穴；纪念碑大理石台阶有49层，台阶两侧种植柏树，周围安装有大理石防护栏。

鸡冠山乡烈士陵园于2020年被列为"县级烈士纪念设施"。

鸡冠山乡十三位烈士纪念碑

微信扫码进入导航

　　鸡冠山乡十三位烈士纪念碑位于上栗县鸡冠山乡鸡冠村土古岭，始建于1964年。

　　1928年，鸡冠山农民赤卫队改编为湘赣游击队，在唐德、肖烈等同志领导下活跃在小洞、浏阳山枣潭和鸡冠山一带，坚持革命斗争。1935年5月12日傍晚，两名叛徒以带游击队员洗澡为名，将游击队骗入白匪设在鸡冠山罗家埠的伏击圈，并偷走枪支弹药。以唐德为队长、肖烈为指导员的13位游击队员赤手空拳，用瓦片、砖头与100多名敌人顽强搏斗，全部壮烈牺牲。敌人下令不准收尸，将烈士尸体丢弃在老庙坊一红薯窖内，上面用木板盖住。当地民众十分愤怒，到上栗区政府请愿。

1964 年，当地政府打开窑洞，将烈士遗骨用陶缸盛殓，迁葬于鸡冠村土古岭上。2017 年修建纪念碑，2022 年进行修缮与改扩建。如今，烈士墓四周为青砖花墙，中间是高 10 米的四方形大理石革命烈士纪念碑。碑座高 6.6 米、宽 1.8 米，碑下面是长 4.8 米、宽 3.8 米的大理石基座，碑顶有一颗红星。周围柏树成林，庄严肃穆。

鸡冠山乡十三位烈士纪念碑于 2020 年被列为"县级烈士纪念设施"。

金山镇张维革命烈士纪念碑

微信扫码进入导航

　　金山镇张维革命烈士纪念碑，位于上栗县金山镇山田村龟山井处，坐东朝西，修建于2015年，同时建有纪念广场。

　　纪念碑基座为直径15.8米的圆形，底座为长方形，长3.6米、宽3米，纪念碑主体长1.8米、宽1.46米、高 9.1 米。正面刻写"张维烈士纪念碑"7 个大字，碑座右面刻写"缅怀先烈功绩，建设文明山田"，左面刻写"弘扬革命传统，开创美好未来"。纪念广场占地面积约 1066 平方米，地面采用大理石铺垫，花坛式绿化围绕周边。

金山镇张维革命烈士纪念碑于 2020 年被列为"县级烈士纪念设施"。

【张维简介】

张维（1908—1932），原名张国全，上栗县金山镇山田村人。1925 年参加革命，在斗争中加入了中国共产党。1926 年在家乡积极参加农民运动。1927 年大革命失败后在家乡组织赤卫队，担任队长。1930 年 9 月，中国工农红军湘东独立师在萍乡大安里成立，他担任独立师第一团团长。

1931 年 7 月，张维在回乡探亲途中遭敌人逮捕，被关押在上栗万寿宫监狱中。面对敌人的高官许诺，他不为所动，冷冷地说："不要枉费心机了，要杀要剐随你们的便！"敌人恼羞成怒，对他施以酷刑，将烙铁烧红按在他的身上，皮肉被烙得"吱吱"直响，散发出刺鼻的焦糊味，张维痛得昏死了过去。敌人用凉水把他泼醒，问他："说不说？"张维虽然痛得锥心刺骨，但是仍咬紧牙关，一声不吭。敌人又将张维的双脚按在烧红的窑砖上，血肉模糊的他始终不屈服。

张维被敌人关押了将近 7 个月，被折磨得奄奄一息。敌人使尽诡计，用尽酷刑，也不能从他嘴里撬出一点有用的东西。

1932 年 2 月的一天，一队匪兵将张维五花大绑，押上了从上栗到金山镇山田村的山路。张维遍体鳞伤，被押到山田村黎家山下的稻田边。敌人要他跪下，他却像一棵巨松，岿然屹立，最后，倒在了敌人的屠刀之下，时年 24 岁。

上栗中学革命烈士纪念碑

微信扫码进入导航

　　上栗中学革命烈士纪念碑，原名金山镇革命烈士纪念碑，位于上栗县上栗中学校园内东侧，始建于1950年，为纪念谢建益等烈士而建，经过1963年和2011年两次修建，于2020年被列为"县级烈士纪念设施"。

　　谢建益，男，黑龙江人，中共党员，第四野战军第四十五军后勤部卫生部部长。1949年，上栗县解放（1949年6月26日）前夕，部队驻扎在金山中学（即现在的上栗中学）校内。他深入到当时还未解放的国民党统治地区长沙工作，中了敌人的伏击，经过浏阳桥时，因敌人将桥炸断，汽车坠入河中，谢建益和通讯员、警卫、司机及一名战士，壮烈牺牲。

后人将 5 人合葬于上栗中学前花园（后称烈士园），为旌其所为，立碑以示纪念。新中国成立以后，三易其碑。1950 年，为其第一次立碑，碑高约 0.8 米，碑东西宽约 0.6 米，碑上刻有"烈士墓"三个字。1963 年，中共上栗区委为其第二次立碑，建成烈士塔，塔高 3.2 米，塔东西宽 0.8 米，南北厚 0.6 米，塔文为"革命烈士永垂不朽"。后由于风化，烈士塔开裂，向南倾斜，2011 年，上栗县民政局为其第三次立碑，拆除重建，塔高 3.2 米，塔东西宽 6 米，南北厚 1.2 米，塔文仍为"革命烈士永垂不朽"，并在烈士塔周围种上翠柏，烈士园正式定名为"柏园"。

柏园的革命烈士纪念碑一直以来都是上栗中学革命传统教育基地。每年清明节、革命烈士纪念日、国庆节，学校都会组织师生到此举行弘扬爱国主义教育的祭扫英烈活动。

桐木镇赖衍洪革命烈士纪念碑

微信扫码进入导航

桐木镇赖衍洪革命烈士纪念碑位于上栗县桐木镇杨坊村，修建于 2017 年，占地面积 400 平方米，于 2020 年被列为"县级烈士纪念设施"。

纪念碑分三层：上层高 7 米、长 2.2 米、宽 1.8 米，正面刻有"赖衍洪烈士纪念碑" 8 个镏金大字；中层高 1.25 米、长 3.52 米、宽 2.7 米，四面镶嵌红色大理石，正面刻有烈士简介；底层高 0.48 米、长 4.6 米、宽 3.5 米。

【赖衍洪简介】

赖衍洪（1906—1935），上栗县桐木镇杨坊村人。

1929年冬，赖衍洪在党组织的帮助和教育下，走上革命道路。同年12月，周田工农协会正式成立，赖衍洪任协会委员长兼赤卫队队长。1930年初，浏阳党组织在桐木成立"浏阳九区苏维埃政府桐木办事处"，赖衍洪任侦察队通讯员。1930年4月，萍乡七区苏维埃政府成立，赖衍洪任周田(第二十乡)苏维埃政府主席。1931年11月，赖衍洪被任命为萍乡七区(桐木区)苏维埃政府军事部长兼游击队队长。

1935年8月4日，母亲病故，赖衍洪秘密回家悼念，因叛徒告密被捕，被枪杀于自家门口的土坪里，年仅29岁。

长平乡革命烈士纪念碑

微信扫码进入导航

　　长平乡革命烈士纪念碑位于上栗县长平乡星辉村，始建于1990年，经2014年、2022年两次进行扩建与改造，占地面积2200余平方米。

　　纪念碑高8米、宽2.5米，碑身为钢筋水泥结构，正面镌刻

"革命烈士永垂不朽" 8个大字，基座正面刻有94名烈士名单。

2022年4月，长平乡举行零散烈士墓集中迁葬仪式，将47名烈士遗骸（遗物）迁入其中，烈士墓数量达98座。

长平乡革命烈士纪念碑于2020年被列为"县级烈士纪念设施"。

赤山英烈文化园

微信扫码进入导航

　　赤山英烈文化园位于上栗县幕冲村松山里，修建于2014年，原为黄光元等烈士纪念碑。

　　黄光元1897年4月出生于上栗县赤山镇幕冲村，1929年1月参加工农红军，在红一方面军红三军团先后担任侦察连战士、班长、排长、军部医生。1930年12月加入中国共产党，1935 年 10 月长征途中，在诱敌围歼战斗中中弹牺牲，时年 38 岁。

2014 年，当地政府为烈士修建简易纪念碑，以示缅怀；2021 年进行提升改造，扩建成英烈文化园，占地面积达 2000 平方米，预留 50 平方米作为烈士公墓区。现已迁入烈士墓 6 座。

萍乡市烈士纪念设施名录

莲花县烈士纪念设施

莲花县革命烈士纪念馆

微信扫码进入导航

莲花县革命烈士纪念馆位于莲花县县城南门大洲（琴亭镇南门村），建于1956年，紧邻莲花一枝枪纪念馆和刘仁堪小学。

1976年，纪念馆整体拆除重建。落成后占地面积约8666.67平方米，其中主体建筑面积约600平方米，坐北朝南，回廊互通，共浇筑16根高大混凝土圆柱支撑整个建筑；主体部分采用砖木结构，共有三个大厅作为展厅；屋

面部分采用琉璃瓦屋顶，流光溢彩，与木质屋栋自然衔接，使整个纪念馆显得更加高大、肃穆、庄严。纪念馆正前方是《莲花一枝枪》雕塑，诠释着土地革命战争时期革命烈士保枪、传枪的故事；左前方耸立着革命烈士纪念碑，镌刻着3486名莲花烈士的英名；四周点缀着假山、亭阁，栽植有松柏、水杉等常青乔木。

1983年该馆重新布展，现设有瞻仰大厅、革命烈士事迹陈列室、革命历史文物陈列室等，展出了颜清珍、朱亦岳、陈竞进等革命烈士事迹。建馆60余年来，历经数次改造提升，展陈内容得以不断完善充实。

莲花县革命烈士纪念馆于2013年被列为"江西省重点革命烈士纪念设施保护单位"。

延伸阅读：颜清珍烈士

颜清珍（1984—1929），原名颜钟娥，莲花县神泉乡珊田村人，1894年出生于一个地主家庭。父亲是前清秀才，有三子一女。颜清珍是最小的闺女，自幼得到父母疼爱。莲花是赣西山区小县，珊田更是僻处一隅，封建习俗较浓厚，像颜清珍这样生于封建世家的小姐，一般是不准外出自由行动的。但颜清珍不同，她不肯缠足，而且爱和村里的贫家姑娘交往。颜清珍的父亲思想也比较开明，不仅不要求女儿完全遵守封建礼教，而且破例让女儿和三个儿子一起到私塾去读书。到了民国初年，女儿渐渐长大了，思想比较激进，爱读进步书刊，谈革命理想，父亲也不反对。

1922年，颜清珍已经28岁了，还没有出嫁。一天，她忽然向父亲提出要求，要和桃岭谭景南、花塘朱绳武一起，到吉安第七师范去求学。她说："天下兴亡，匹夫有责。我虽然是个女子，但当今中国贫弱，解放妇女，提高妇女觉悟，也是救国一策。我外出求学的目的，就是希望将来能为妇女做点教育工作。"父亲听了她的话，踌躇半晌说："你要去吉安读书，我不反对。但是你年纪不小了，终身大事也要考虑。现在有人向我提亲，就是田村的朱伯怀，人家也是书香门第出身，年纪和你相仿，也在吉安第七师范读书，如果你同意的话，这门亲事就这样定了吧。"

"可以。"颜清珍考虑了一会回答说，"朱伯怀这个人我认识。既然他是我的同学，我们以后可以互相了解。但有一点要声明，如果发现思想认识不一致，还是不结婚为好。"

颜清珍思想进步，工作积极。和朱绳武、谭景南等人在学校加入了中国共产党。那时，朱伯怀在学校虽表现一般，但还没有暴露他的反动面目。在双方父母的撮合下，1925年，颜清珍、朱伯怀回到家乡莲花结了婚。次年，北伐军经过莲花后，朱绳武等共产党员先后回到县城，建立党的组织——莲花党小组。在党组织的领导下，莲花县开展了轰轰烈烈的工农革命运动。颜清珍担任妇女委员会主任，是莲花县第一个妇女工作领导人。她日夜奔走呼号，痛批几千年封建伦理道德的桎梏给妇女造成的摧残，宣传砸碎"三从四德"、推翻封建统治的重大意义。她还通过撒传单、讲演、个别联络等方式，号召广大妇女剪发、放足，反对蓄婢、带童养媳等等。从城市到乡村，到处都有颜清珍的足迹。姐妹们都亲热地称她为"大姐"。在她的影响下，一大批莲花妇女走上了革命道路。

革命形势的发展，给每个人的思想都会带来深刻变化。颜清珍的丈夫朱伯怀，在国共合作时期一度表现进步，到1927年蒋介石发动"四一二"政变，公开叛变革命时，终于堕落为国民党右派。在此之前，朱伯怀因对家乡的工农革命运动不满，受到打击，农会将他逮捕。颜清珍将他保释出来以后，他逃到吉安。颜清珍又到吉安找他并对他说："你以后怎么办？跟我走还是跟右派走？"朱伯怀不肯回头，两人终于分道扬镳。第一次大革命失败后，颜清珍随莲花革命武装撤往上西山区，继续坚持斗争。

1928年6月下旬，井冈山红四军第二十九团在永新、莲花地方武装的配合下，一举攻克莲花县城。三天之后，全县赤化。6月30日，莲花县第一次工农兵代表大会召开，成立了县苏维埃政府。接着，又召开了中共莲花县第一次代表大会，正式成立了中共莲花县委。颜清珍当选为县委委员、妇运部部长，积极领导全县的妇女工作。她还做自己的父母和三个哥哥的工作，让他们放弃剥削生活，参加革命工作。在她的影响下，三哥颜道南觉悟提高很快，加入共产党并担任了坪里五区苏维埃政府主席，以后参加了红四军第三十一团，成为一名光荣的红军战士。

1928年8月，井冈山红四军开往湘南，造成湘赣边界的"八月失败"。湘敌叶文科部进犯莲花、占据县城，并在各地组织挨户团，大肆反攻倒算，杀人烧屋，无恶不作。颜清珍的家乡珊田村，多次遭到反动派的蹂躏，敌人抓住颜清珍的父母和大哥，逼问颜清珍的下落，没有结果。丧尽人性的敌人竟把颜清珍的父母和两个哥哥，还有二哥一个未成年的女儿，共5个人统统杀死，两栋屋也全部烧毁。

面对敌人的残酷镇压，颜清珍的革命意志丝毫没有动摇，她把仇恨的怒火强压在心头，擦干眼泪，继续和刘仁堪等革命同志一道，在瑶坊、上西一带山区坚持游击斗争。

敌人为了搜捕革命同志，在上

西山区周围到处戒严，并派挨户团搜山，形势十分严峻。1929年初，莲花地方武装赤卫大队从荒木坪打土豪回来，缴获两头黄牛。颜清珍和刘仁堪的爱人彭桂秀把牛赶到马家坳，准备宰了给战士们改善生活。这天有个卖杂货的攸县人从门口经过，谁也料想不到他是敌人的侦探。到半夜，攸县挨户团来偷袭，将颜清珍抓住。颜清珍急中生智，说自己是土豪的女儿，被土匪抓来关到这里，要她家里来缴款。挨户团见她皮肤白皙，衣着、谈吐也都像个有钱人家的小姐，便信以为真，将她释放了。

不久，莲花县委书记刘仁堪从宁冈参加柏露会议后回到莲花，准备传达会议精神，做好应敌准备。正在这时，湘赣边界特委又派刘作述来通知刘仁堪，要他随部队行动。刘仁堪决定先在莲花办好移交，并开会布置好工作再离开。3月的一天，刘仁堪和颜清珍、李珍、刘雪元，还有一个姓吴的交通员5个人来到荷塘坳背宁家村，收取打士豪的现款，以供部队军费，同时决定当晚在宁家村召开党员会议。坳背是莲花县委的一个秘密联络点。敌人早就在这里派有密探，此事很快就被派驻荷塘的一个叫朱多生的密探知道了，他连夜赶往楼下村报告保安团的巡探朱荷里。朱荷里随即进城，带来保安团，将房子四面围住，颜清珍、刘仁堪为掩护同志安全转移不幸被捕。

敌人听说抓到了共产党县委书记刘仁堪，县委委员、妇运部长颜清珍，个个喜出望外，以为可以从他们身上可以获得很多党的机密。但是用尽酷刑，颜清珍坚贞不屈，始终守口如瓶。敌人无可奈何，只好决定将其杀害。

1929年5月19日，颜清珍、刘仁堪等4名共产党员被敌人押至莲花县城南门大洲上杀害。临刑之前，颜清珍向在场群众宣传革命必胜、反动派最终必定灭亡的道理，高呼"共产党万岁"等口号，最后被残暴的敌人割去了双乳，因失血过多英勇牺牲。

（摘自《萍乡英烈谱》，江西人民出版社2010年版）

延伸阅读：朱亦岳烈士

朱亦岳（1892—1931），字首云。莲花县琴亭镇花田村人，1892年出生。兄弟三人，亦岳为长。1912年，朱亦岳从莲花县立琴水高等小学毕业后，考入江西省立鹭洲中学，1915年毕业，辗转到北京民国大学求学。民国大学是私立大学，创办人之一为朱念祖。朱念祖是莲花花塘乡人，早年留学日本，民国初曾做过参议员，是国民党左派人士，因反对袁世凯称帝被捕过，在京津一带小有名气。通过朱念祖的关系，朱亦岳入民国大学学习几年，因家庭经济困难，无法完成学业。自1916年至1922年，他先后在外交后援会和江西省实业厅、教育厅等机关谋事。1926年，经时任江西省教育厅厅长的朱念祖推荐，朱亦岳出任莲花县劝学所督学。

朱亦岳在求学和外出工作期间，目睹内忧外患，民不聊生，爱国志士奋起抗争等情形，革命思潮给他以极大的影响。在此期间，他曾一度回乡，担任莲花琴水高等小学的教师，故对莲花知识界及教育的情况有所了解。朱亦岳出任劝学所督学以后，即利用查学的机会，在各处传播进步思想，并与陈竞进等人一道，在坊楼创办"青年学会"，联系进步青年，阅读革命书刊。也就是在此前后，朱亦岳加入了中国共产党。

1926年7月，北伐军攻克莲花前夕，在吉安第七师范求学的莲花青年学生、共产党员朱绳武奉命回家乡，与朱亦岳、陈竞进等人在坊楼乡新城小学成立了莲花县第一个党的组织——中共新城小组。至次年3月，正式成立支部，朱绳武为支部书记，朱亦岳、陈竞进为支部委员。

1926年9月6日，由朱耀华副师长兼团长率领的北伐军第二军第六师第十六团，从茶陵出发，9日攻克莲花县城，结束了北洋军阀对莲花

10 余年的统治。在北伐军的帮助下，成立了由共产党领导、国共两党合作的革命政权——莲花县行政委员会和国民党莲花县党部，朱亦岳任县党部执行委员。在朱亦岳的努力下，共产党员朱绳武、陈竞进、颜清珍、刘培益等均到县党部任职，并掌握了各部门的领导权，左派在莲花县党部占了优势。为此，朱亦岳在县党部门口写了一副对联：

有知识的进这里来谈几句三民主义，

无片土者到前方去作一番阶级斗争。

通过县党部中共党员的宣传和推动，莲花工农运动蓬勃兴起。全县 8 个区 136 个乡都成立了农民协会，会员 3 万余人。县城成立了总工会，会员 200 人。农民协会领导农民清查祠堂、庙宇的积谷，要求地主减租减息；工会则要求资本家增加工资减少工时，不得虐待学徒等。工农运动触犯了封建势力和资本家的利益，引起反动派的极端仇视。1927 年 2 月底，窃据县商会执委的大土豪、国民党右派李成荫，搜罗一批地痞流氓打手，发展私人势力，组织地下农会（李氏农民协会），冲击县党部，将朱亦岳捆绑殴打。

朱亦岳临危不惧，脱险后即组织革命力量撤往上西山区，坚持与反动派作斗争。同年 4 月，朱亦岳等共产党员发动群众，重振农军，与城内的学生、工人相策应，打回县城，捣毁了国民党右派把持的莲花县党部，将右派头目李成荫驱逐到湖南攸县。

1927 年大革命失败后，革命形势转入低潮。1927 年 7 月 2 日，李成荫买通驻攸县的国民党反动军队罗定部开进莲花县城。朱亦岳和县城的党员干部再次被迫转移到上西山区"打游击"。9 月 25 日，毛泽东率领秋收起义部队向井冈山进军经过莲花县，朱亦岳闻讯后迅速赶到莲花县城南门宾兴馆，参加了由毛泽东主持召开的宾兴馆会议，向毛泽东汇报了大革命失败后莲花革命斗争的情况。在这次会议上，毛泽东做出了引兵井冈山的伟大决策。朱亦岳的汇报为这个决策提供了帮助。

宾兴馆会议之后，朱亦岳奔走于安源、醴陵等处，秘密组织革命武装。1927 年底，朱亦岳又赴宁冈象山庵，参加永新、莲花、宁冈三县党组织负责人会议。毛泽东在会上再次强调了湘赣边界各地恢复与重建党的组织，开展武装斗争，夺取红色政权的重要意义。1928 年 1 月，朱亦岳回到莲花，在寒山西冲、瑶坊狮形坳开会传达象山庵会议精神，决定立即成立中共莲花特支，并决定拿出大革命失败时保存的一支枪，成立莲花工农武装赤色队，以地势条件较好的马家坳蕉叶冲为根据地，开展武装斗争。当时正值农历除夕，朱亦岳心潮澎湃，挥笔写下了一副新春联：

一根钢枪开辟红色地区在今岁，
万民团结推翻黑暗统治属当年。

朱亦岳办事沉着老练，一丝不苟，受到同志们的尊敬和信任。1928年4月上旬，中共莲花县党员代表大会在坊楼胡家村召开。会上成立了中共莲花临时县委，选举朱亦岳为书记。5月20日，中共湘赣边界第一次代表大会在宁冈茅坪召开后不久，朱亦岳被补选为中共湘赣边界特委委员。

6月23日，龙源口大捷之后，井冈山红四军第二十九团分兵进攻莲花，在永新、莲花地方革命武装配合下，27日攻克莲花县城。三天之内全县赤化，成立县苏维埃政府。7月底，在县城贺家祠召开中共莲花第一次代表大会，出席代表30余人，中途因湘敌罗定部叶文科团进攻莲花，会议转移到南村兴贤书院继续举行。会上，正式成立中共莲花县委，选举朱亦岳为书记。

1928年湘赣边界"八月失败"后，莲花县城及平原地区被敌占领，形势急转直下。莲花党组织在朱亦岳的领导下，及时转移到上西山区坚持斗争，并派出党员在袁州（宜春）一带工作，策动赣敌某部张威营起义，投奔莲花红色独立团，带来96支枪。以后又派出党员到茶陵八团、攸县峦山等地开展工作，建立党的组织，使革命的星星之火燎原到赣西湘东边陲。

10月14日，中共湘赣边界第二次代表大会在宁冈茅坪举行，朱亦岳在会上当选为边界特委委员。年底，朱亦岳奉命调往湘赣边界特委工作。

后来，朱亦岳调河东工作，任万泰河东委员会主任。1931年，万泰河东委员会由吉安迁至泰和石城。当时天气炎热，朱亦岳患痢疾不能行走，加之敌人进攻，未能及时治疗，病情恶化，猝然逝世。

朱亦岳是莲花党组织的创始人之一，也是最早将马列主义传播到莲花的先驱者之一。是他将革命的种子带到莲花，并让它生根、开花、结果。他终生操劳，任劳任怨，为党的事业奔波奋斗，受到莲花人民的爱戴和尊敬。新中国成立后，他被人民政府追认为革命烈士。

（摘自《萍乡英烈谱》，江西人民出版社2010年版）

延伸阅读：陈竞进烈士

陈竞进（1898—1933），又名陈兆林，莲花县坊楼镇新城村人，1898年出生。1919年五四运动时期，陈竞进在南昌大同中学读书，受进步思想影响，积极参加声援五四运动的罢课斗争。他和同学们走上街头，游行示威，高呼革命口号，向群众讲演，怒斥帝国主义侵略中国的滔天罪行。1921年冬他回到家乡，利用假期向乡亲们宣传反对封建剥削、争取工农解放等革命道理。1922年春节期间，枧下村两个农民的孩子陈冬恩、陈树仔因为砍了劣绅陈日熙家樟树上的几根树枝，陈日熙仗势欺人，罚两家各赔4块银洋。陈竞进闻讯后，当即跑到枧下，将陈日熙痛斥一顿，使他再也不敢在乡亲们面前耀武扬威了。1923年，陈竞进的父亲陈合元在富冲开了一个"同益"饭店，兼卖猪肉。当地劣绅朱丙元派了一个佣人来买猪肉。此人狗仗人势，蛮不讲理，既要

先买肉，又要买好肉，与陈竞进的父亲吵了起来，结果把陈竞进的父亲抓走。陈竞进知道后，立即带领30多名农民冲到朱丙元家里强烈要求放人。由于人多势众，朱丙元不敢怠慢，被迫释放了陈合元，还放千响爆竹赔礼道歉。这样一来，土豪劣绅威风扫地。

不久，陈竞进联络在外地工作和学习的莲花籍进步青年朱亦岳、贺昌炽等人，在坊楼创办"青年学会"。

参加这个学会的条件是：（一）思想进步；（二）敢于向反动派作斗争；（三）有爱国热忱。"青年学会"的任务是：（一）介绍与宣传五四运动和苏联社会主义革命胜利的伟大意义；（二）领导学生、教职员工开展新旧学派的斗争；（三）推荐与学习进步刊物。"青年学会"是马列主义传播到莲花的最早的思想阵地，通过陈竞进等人的努力，团结和教育了一

批青年知识分子，为莲花党组织的创建起了非常重要的作用。

1926 年 7 月，北伐军来到莲花前夕，在吉安第七师范学校读书的共产党员朱绳武，奉命回到莲花建立党的组织，首先来到坊楼地区。当时陈竞进在新城创办了新城小学，朱亦岳也以劝学所督学的身份到了新城村。经过紧张的筹备工作，莲花第一个党小组在新城小学成立。陈竞进在党小组内担任宣传工作。

北伐军攻克莲花县城后，成立了国共合作的莲花县党部，陈竞进、朱绳武、朱亦岳都在县党部工作。经过他们的努力，党组织迅速发展。1927 年 2 月，成立中共莲花支部，朱绳武为书记，陈竞进为宣传委员。在中共莲花支部领导下，工农革命运动迅猛发展，各地成立了农会和工会。并成立了工农自己的武装——莲花农民自卫军，有枪 60 支。从此以后，陈竞进在党内主要负责武装斗争工作。

第一次大革命失败后，反动派到处抓捕共产党员和革命群众。陈竞进率领农民自卫军被迫撤往上西山区坚持斗争。莲花大土豪李成荫用金钱收买永新等地的地主武装，到上西来"围剿"农民自卫军，沿途烧杀抢劫，无恶不作。为了惩罚反动派，给受害的群众报仇，1927 年 9 月 18 日深夜，陈竞进率领上西农民自卫军和群众 8000 余人，分三路向县城进军，捉拿李成荫等土豪劣绅问罪。不料当日黄昏，有两连国民党正规部队路过莲花，在县城住宿。陈竞进率领农军入城后，因农民不懂军纪，高声喊叫，被敌人发现。李成荫即向国民党军求援，并将城门紧闭，鸣枪抓人。当夜被俘 90 余人，牺牲 70 余人。陈竞进等革命同志被反动派悬赏通缉。这就是莲花历史上著名的"九一八"惨案。

"九一八"失败以后，反动派进一步"围剿"农民武装，逼缴枪支，并组织所谓"善后委员会"，用软硬兼施的办法逼迫农军交出武装。在敌人的威胁下，莲花党内少数动摇分子屈服于敌人的压力，竟然同意交枪。结果农民自卫军的 60 支枪损失了 59 支，只剩下农军班长共产党员贺国庆保存的一支枪。陈竞进反对农军交出武装，坚决支持贺国庆保存枪支。

1927 年 9 月下旬，湘赣边界秋收起义遭受挫折后，毛泽东率领工农革命军来到莲花县，在县城宾兴馆召开前委会议，决定将起义部队带往井冈山。秋收起义部队上井冈山后，毛泽东又在宁冈象山庵召开了宁冈、永新、莲花三县党组织负责人会议，指示边界各县立即恢复党的组织，开展武装斗争，建立红色政权。在毛泽东和井冈山工农革命军的支持下，成立了中共莲花特支，朱亦岳为书记，陈竞进任宣传委员。同时成立了工农武装赤色队，陈竞进任队长。

陈竞进领导的莲花赤色队以革命失败时保存的一支枪为武器，以地势和群众基础较好的马家坳、蕉叶冲一带为根据地，与反动派展开斗争。1928年春节期间，趁莲花靖卫队副队长陈刚维回坊楼老家拜年之机，陈竞进率赤色队深夜冲进陈家，缴枪两支。不久，靖卫队长刘歧生带队伍围攻赤色队，驻扎在九都长发祥饭店，陈竞进又带领赤色队深夜攻击长发祥饭店，以火攻取胜，缴枪一支半（其中一支没有枪机）。在获得初步胜利以后，为了巩固根据地，陈竞进派人与井冈山湘赣边界特委和红四军取得联系，得到他们赠送的一批枪。陈竞进还在坊楼发动群众，创办修械所，修造枪支，打制梭镖和马刀，为赤色队增加武器。经过一段时间的努力，赤色队人枪大增，1928年4月中旬扩编为莲花红色独立团，以陈竞进为团长，全团50余人，10余支枪。

陈竞进治军严肃，态度平易近人。每次战斗，他都身先士卒。平时他和战士们同吃同住同训练，没有当官的架子，受到战士的欢迎，威望越来越高。他对党的事业十分忠诚，为打开湘赣边界斗争局面、发展莲花地方武装做出了出色的贡献。1928年5月，在中共湘赣边界第一次代表大会上，他当选为湘赣边界特委委员。

1928年8月，井冈山红四军被调往湘南。湘赣边界各县县城及平原地区均被敌军占领。因湘敌叶文科部进犯，莲花红色独立团被迫退往上西。在形势日益恶化的情况下，陈竞进在竹义坡召开干部会议商议对策。有的同志主张化整为零，暂时隐蔽，等待形势好转；有的同志则主张埋枪不干。陈竞进力主在艰苦的条件下，地方武装更应当发挥优势，坚持游击斗争。此时，有赣敌一营人驻扎宜春，营长张威原系北伐军军官，具有革命思想，有起义投奔红军的意向。得此消息，陈竞进即命令独立团派驻宜春地下工作人员彭考祥、刘春元对其进行策反，终于使张威部翻越武功山，向莲花红色独立团靠拢。反动派发觉后，派部队追击，途中发生遭遇战，张威部损失一部分人枪，剩下96支枪，编入莲花红色独立团，为第一营第二连，原独立团战士编为第三连，党员干部则分别编入三个连进行政治工作，团长陈竞进，营长张威，党代表刘仲池。从此，莲花地方武装声威大震，所向披靡，打开了斗争的局面。

1928年11月中旬，莲花红色独立团奉命调往宁冈新城参加红四军冬季整训。整训结束后，第一、第二连编为红四军独立营，其余编为莲花县赤卫大队。通过这次整训，陈竞进受到很大教育，政治思想更加成熟。整训结束后，陈竞进留在井冈山任红四军某部参谋。

由于陈竞进熟悉莲花情况，莲花

赤卫大队战士也迫切希望他回莲花工作。1929年下半年，陈竞进调回莲花担任赤卫大队政委。此时赤卫大队队长为徐彦刚。1930年初，陈竞进率赤卫大队部分武装编入红六军第五大队，他任第五大队政委。随部攻打长沙后，他留在湖南浏阳县委工作。在浏阳，他认识了青年女学生王秋平，因为两人志趣相同，很快就结了婚。王秋平后来在莲花列宁学校任教，最终因为陈竞进所谓"AB团"的问题遭牵连遇害。

1932年，陈竞进调湖南攸县任县委书记。当时攸县县城被敌军占领，县委机关迁至莲花县境内寒山村。由于党内"左"倾错误的影响，大批革命同志被当作"AB团"分子而关押杀害，案件竟株连到陈竞进身上。当肃反部门宣布陈竞进为"AB团"分子时，他非常愤怒，用黑布蒙头，以示抗议。押解人员立即将他带往永新湘赣省委所在地接受"审讯"。路过莲花县城，押解人员要带他进莲花县委机关喝杯开水，他坚决不进去，叹息道："我陈竞进坚决革命一辈子，今天落到这个下场，还有什么脸面去见江东父老！"

1933年春，陈竞进在永新县城被错杀。他是莲花党组织和地方武装创始人之一。他的名字在莲花老一辈人当中，几乎家喻户晓，人人皆知。直到现在，只要说起他来，人们都会产生由衷的敬意和深深的惋惜。新中国成立后，人民政府追认陈竞进为革命烈士。

（摘自《萍乡英烈谱》，江西人民出版社2010年版）

贺国庆烈士陵园

微信扫码进入导航

　　贺国庆烈士陵园位于莲花县坊楼镇沿背村，修建于2015年，占地面积约16666平方米，核心面积约6666平方米。

　　陵园以"莲花一枝枪"的保存者——贺国庆烈士的墓为中心，背山面东北依山势而建。墓区共迁入散葬烈士墓215座，并将寺垅战斗72名无名红军烈士

墓整体迁入。

烈士陵园2021年进行升级改造，建有停车场、休息亭和陵园概述、指示牌等配套工程，园区四周苍松翠柏挺拔，环境优美，设施完善。英

名墙上镌刻着坊楼镇在各个历史时期为国捐躯的481名烈士的英名。

贺国庆烈士陵园于2022年被列为"市级烈士纪念设施"。

延伸阅读：贺国庆烈士

贺国庆（1899—1929），又名贺福庆，原名洪福庆，湖南省攸县人。因生活所迫，流落到莲花县坊楼村的贺圣茂家当继子。1926 年参加革命，曾任赤卫大队中队长，红色独立团连长，同年加入中国共产党。1927 年大革命失败后，贺国庆冒着生命危险保存了一支枪。为了保存这支枪，贺国庆的家人惨遭敌人杀害。"莲花一枝枪"凝聚了革命力量，后来发展成了红色独立团，为井冈山革命根据地的创建做出了重大贡献。贺国庆同志在 1929 年的一次战斗中英勇牺牲，为红色政权的建立献出了宝贵的生命。

【烈士故事】

莲花一枝枪

1926 年，在湖南农民运动的推动下，莲花掀起了轰轰烈烈的工农革命运动。全县 8 个行政区 136 个乡都成立了农民协会。县城成立了总工会。与此同时，还成立了工农革命自己的武装力量。在莲花上西区的农民自卫团，有这样一个传奇式的人物，他长得身材高大，体格健壮，性格耿直，疾恶如仇，他就是曾痛打过下乡抓丁派款的北洋军士兵的农民自卫团纠察队队长贺国庆。

当时在莲花县城还有保安队，保安队和自卫团共有 60 多支枪，工农武装成立后，即协助工会组织与农会一同保障工农利益，抓捕破坏工运的资本家游街示众，强迫土豪劣绅减息，平仓清谷等等，受到了贫苦工农的热烈欢迎。但是，城乡豪绅却怀着刻骨仇恨，他们像毒蛇一样等待着机会反扑。

工会在县城打资本家，贺国庆也带领着他的纠察队（又有人叫黑杀队），专打财主家，白天生产劳动，晚上就秘密行动，可谓神出鬼没。也有好多次公开把土豪劣绅抓起来游行。这样不仅沉重地打击了贪官污吏，壮大了贫苦农民起来革命的声势，更是大灭土豪的威风。同时莲花的陈竞进、王佐还先后在上西区举办了夜校，发展党组织，贺国庆也是在这个时候由陈竞进介绍加入中国共产党的。打土豪分田地，莲花的农民运动搞得热火朝天。在那些艰苦斗争的岁月里，莲花人民对贺国庆等共产党员都非常信任。因为他们爱憎分明，平易近人，更是因为他们坚决地执行了毛委员的革命思想，配合工人运动，组织农民起来革命，莲花各乡各村的农民协会，在党组织的秘密组织领导下，很快壮大起来了。

可是到了1927年，蒋介石在上海发动"四一二"反革命政变，白色恐怖也开始笼罩在莲花上空。这时，莲花县的反动地主武装在大土豪李成荫的带领下，与县城反动武装靖卫队勾结在一起，袭击工会、农会和县党部等机关，疯狂镇压共产党人和革命群众。他们以维持地方治安为由，提出成立靖卫队，要农军交出枪支。莲花县委的少数领导在右倾思潮的影响下，以为交了枪就可以换得和平，结果把农军的60支枪交出了59支，还剩下一支，就是贺国庆保管的那支"俄国造"步枪（也就是毛泽东后来在《井冈山的斗争》一文中所赞扬的"莲花一枝枪"）。

工会与农会的参战枪支几乎全部散失，身为莲花县工人纠察队领导人的陈朝湘也叛变革命了，在这种革命最艰难最困苦的时刻，总会出现两种人，一种是叛徒，另一种就是真的猛士。

敌人大声叫嚣着"凡是可以杀的，一律杀，宁可错杀，不可错放"，大肆抓捕农会干部。而保存莲花农会唯一一支枪的贺国庆，更是敌人抓捕的首要重犯。说起莲花这支枪，还是当时莲花县农民自卫军参加会攻永新县城营救革命同志的战斗中，贺国庆率领一支小分队率先冲上城楼并击毙哨兵所缴获的一支崭新的"俄国造"步枪。战后组织上要奖励他，他只要了这支步枪。第二天，自卫军决定把这支枪交由他使用。

当贺国庆听说在敌人的软硬兼施下有部分莲花党组织的成员动摇了，同意交出农会与保安队的枪支的消息后，肺都气炸了！趁着敌人不注意，他携着枪溜回了家。贺国庆想，只有保住枪杆子，才能保住命根子。为了保存方便，他把枪拆成三部分，分别埋藏在贺家祠堂的神牌中、凤尾树下和龙山岩里。后来看看还是不安全，又把枪转移到湖南攸县石桥乡的一个薯窖中，自己则留在石桥乡，养了一群鸭，装着看鸭子，秘密看管这支枪。

找不到莲花最后一支枪让敌人十分恼火，虽然他们咬牙切齿地要收缴这支枪，可是贺国庆的隐藏工作做得很好。但是让贺国庆万万没有想到的是，在动摇分子和叛徒的告密下，国民党莲花县县长李宝忠不仅为了这支枪大杀革命同志，而且找到了贺国庆的家人。先是对贺国庆的老父亲进行迫害，但老人死也不说出枪和儿子的下落。穷凶极恶的敌人最后无计可施，将面对严刑而面不改色坚贞不屈的老人用棉絮包裹，浇上煤油，活活烧死，接着又杀死贺国庆的弟弟，母亲也被迫远走他乡。为了这一支枪，贺国庆一家付出了沉重的代价。

黑夜终将过去。不久，上级党委指示，莲花县委重新组织赤卫队，陈竞进任团长。虽有100多人，但大部分人的武器是红缨枪。这时，由贺国庆保存的那一支枪成了这支部队最重要的武器。在赤卫队成立的第二天，躲藏在攸县的贺国庆赶来与陈竞进团长商量把藏下的那支枪取出来，准备武装力量以响应秋收暴动，以实际行动为迎接毛委员带领的秋收起义部队进入莲花扫除障碍。于是他们拟定在9月18日攻打陈朝湘带领的靖卫团，向在莲花的国民党反动派打响第一枪。

9月18日，陈朝湘带领他的靖卫团向九都村开来，要"清剿"赤卫队。苏广明、王仁妹、苏国贞、杨潘和陈建5名赤卫队员奉命打入了靖卫团内部，他们事先把敌人行动的计划报告了陈竞进团长，等待敌人来上钩。情报十分准确，敌人按时而来，贺国庆那支步枪首先向敌人开了火。苏广明等5名同志也调转枪口射杀敌人。霎时间枪声、杀声响成一片，陈朝湘晕头转向，摸不清赤卫队的底细，急忙下令把部队撤回县城。这一仗缴获敌人11支枪，加上苏广明等人带回的6支枪（王仁妹还拿了别人的一支枪），全团从一支枪发展到18支，毛泽东的秋收起义部队到了井冈山后，又发给莲花赤卫队一部分枪支，莲花赤卫队发展成"莲花县红色独立团"，陈竞进为团长，刘建绪为党代表，贺国庆任连长。

1928年春节，莲花县委负责人朱亦岳写了一副对联称赞贺国庆捍卫一支枪、保卫革命火种的革命壮举。上联是"一根钢枪开辟红色地区在今岁"，下联是"万民团结推翻黑暗统治属当年"。到1928年11月，莲花独立团发展到300余人，拥有220支枪，成为井冈山革命根据地一支重要武装。

1929年春，在攸县新漕泊的一次战斗中，贺国庆被一颗流弹击中小腹，流血不止，数次昏迷。弥留之际，他把自己的枪交给身边的战士，说："我没有什么遗产，这支枪是我用生命保存下来的，交给党，让它继续去消灭敌人吧！"

（摘自《安源红色家书》，江西人民出版社2018年版）

垅上烈士陵园

　　垅上烈士陵园位于莲花县神泉乡棋盘山村昔冲小组，占地面积约 33333 平方米。

　　1934 年，红六军团离开湘赣苏区西征后，湘赣省革命根据地进入了艰苦卓绝的三年游击战争时期。湘赣省委以棋盘山为大本营，以周边的九陇山、武功山、五里山、柑子山、太平山、杨梅山和牛形山等山头为据点，带领红军战士和当地群众，与国民党反动派周旋。无数共产党员、红军战士和革命群众英勇献身。神泉乡有名有姓的 397 名烈士中大多数在此牺牲，还有更多无名英雄长眠于此。

　　为缅怀革命先烈，弘扬爱国主义精神，近年来，神泉乡采取统筹规划、适当集中、分类实施的方式，大力开展散葬烈士纪念设施抢救保护工作。2022 年，神泉乡政府修建垅上烈士陵园，将散葬烈士墓集中起来。陵园现有湘赣边三年游击战争无名烈士墓1座，迁入散葬烈士墓192座。

　　垅上烈士陵园于2022年被列为"市级烈士纪念设施"。

莲花县烈士陵园

微信扫码进入导航

　　莲花县烈士陵园位于莲花县玉壶山风景区内，建于2014年，占地面积约9990平方米。

　　陵园主体建筑有正门、纪念广场、陵墓大道、公墓区和纪念塔。纪

念塔耸立在陵园的最高处，基座25平方米，四周用花岗岩篆刻着3486名烈士的英名。8米高的纪念塔正面书有"革命烈士永垂不朽"8个大字。陵墓大道两边的公墓区占地4500余平方米，安葬着300位烈士的英魂。公墓区四周松柏常青，青草密布，鲜花满

眼。正门"气壮吞山河，英名垂千古"的楹联恢宏壮观，气势如虹。

莲花县烈士陵园于 2023 年被列为"县级烈士纪念设施"。

高洲乡烈士陵园

微信扫码进入导航

　　高洲乡烈士陵园位于莲花县高洲乡高滩村春分组，建于2022年，占地面积约450平方米，由王佐烈士雕像、墓碑、柏树、纪念碑、上山台阶、纪念广场等组成。正中为王佐烈士雕像，两侧各有32个墓穴和30棵柏树，雕像身后的纪念碑镌刻着"人民英雄永垂不朽"8个大字。陵园于2023年被列为"县级烈士纪念设施"。

【 王佐简介 】

王佐（1907—1928），莲花县高洲乡高滩村人，原名叫王云禄，因希望自己能学得"王佐之才"，故而改名为王佐。

1926年9月，加入中国共产党。同年12月，受中共安源地委派遣，来到湖南醴陵开展农民运动，并随县农协委员长孙小山等见到毛泽东，因是与会人员中年龄最小的同志，且座谈会上的发言十分精彩，被毛泽东称赞："莲花小王，了不起呀！"自此，"莲花小王"成了伴随他终生的一张名片。

1927年9月21日，秋收起义部队从浏阳文家市出发，经萍乡、桐木、芦溪，9月25日中午，来到莲花高滩，毛泽东即派人寻找当地共产党员王佐、王任兄弟。

王佐见到毛泽东后，详细介绍了莲花及赣西的革命情况。这对于攻克莲花县城和毛泽东决定引兵井冈起了重大作用。

9月26日中午，工农革命军占领了莲花县城。此后，秋收起义部队上井冈山，莲花成为引兵井冈的第一县，高滩成为引兵井冈的第一村，王佐功不可没。

1928年4月，"莲花红色独立团"成立，陈竞进为团长，王佐为参谋长。同年6月，王佐被捕，6月5日被杀害，时年21岁。

王佐牺牲后不久，井冈山红四军第二十九团于1928年6月28日攻克莲花县城。同年10月，为了纪念王佐烈士，莲花县委、县苏维埃政府将高洲乡改为"王佐乡"，将高滩支部改为"王佐支部"。

琴亭镇革命烈士陵园

微信扫码进入导航

　　琴亭镇革命烈士陵园位于莲花县琴亭镇莲花村云里坳，于2022年修建，占地面积1000余平方米。

　　陵园采用大理石铺设了40

个阶梯和 200 平方米广场。广场中央矗立着烈士纪念碑，背面刻有琴亭镇 383 名革命烈士姓名。陵园现有墓穴 62 个，已迁入散葬烈士墓 55 座。

琴亭镇革命烈士陵园于 2023 年被列为"县级烈士纪念设施"。

刘仁堪烈士墓

微信扫码进入导航

　　刘仁堪烈士墓位于莲花县升坊镇浯二村（别名浯塘村），建于2013年，后陆续修建刘仁堪烈士广场、刘仁堪烈士铜像、刘仁堪烈士革命事迹陈列室等纪念设施。

　　刘仁堪烈士纪念广场庄严肃穆，广场台阶上的3幅浮雕再现了刘仁堪革命生涯的3次重要经历，石刻卷轴镌刻了刘仁堪的生平事迹，3.4米高的红铜雕像塑造了烈士牺牲时的形象。站立的方桌、书写的文字、捆绑的枷锁凝固了烈士就义时的时间和空间。楹联文化墙承载了今人对刘仁堪烈士革命事迹的缅怀、歌颂与铭记。

刘仁堪烈士革命事迹陈列室分为"前言；中医世家、悬壶济世；长沙担箩、寻求真理；回乡革命、播种星火；充当向导、引兵井冈；受命下山、开辟苏区；血沃井冈、惊天动地；精神长存、生命永恒；尾厅"9个部分和宾兴馆会议、莲花县第一届工农兵代表大会的2个场景复原。

刘仁堪烈士墓于2023年被列为"县级烈士纪念设施"。

延伸阅读：刘仁堪烈士

刘仁堪（1895—1929），字鸿云，莲花县升坊镇浯塘村人，1895年出生。

刘仁堪幼年读过私塾，稍长即跟着父亲学医。同村有个刘启沛，与刘仁堪是本家堂兄弟，家业殷实，幼时曾与刘仁堪是同学。刘仁堪父亲去世以后，因家贫无力安葬，只好到刘启沛家借贷，不料竟遭到刘启沛的拒绝。钱没有借到，反而受了一顿奚落。这件事对刘仁堪刺激很大，他开始认识到剥削阶级唯利是图的本质，也开始认识到他幼时的好友原来是个极端自私的家伙。

家乡待不下去了，年轻的刘仁堪只好远走长沙去谋生，开始在长沙码头上"担箩"（做搬运工人）。当时莲花在长沙担箩的贫苦青年很多，收入勉强可以维持生计。但刘仁堪身体弱，干重活不能胜任。这时，湖南兴起轰轰烈烈的工农运动，各行各业都组织了工会，成立了工人纠察队，举行游行示威，要求资本家给工人增加工资、减少工时、实行八小时工作制

等等，搞得如火如荼。刘仁堪立刻投身于这场伟大的斗争之中，并很快就成为基层一名骨干分子。他经常往来长沙、常德之间，担任秘密交通工作。

1926年，刘仁堪在外地秘密加入中国共产党。当年春天，他受组织派遣，回到家乡莲花开展工农运动，开始以教私塾、行医为掩护。那时刘启沛等人已是浯塘一带的大豪绅（后来担任国民党莲花县党部秘书）。为了揭露他压迫剥削乡民的罪行，刘仁堪组织村里青年编演文明戏《寄生虫》《横无理》等节目，大受群众欢迎。刘启沛恼羞成怒，千方百计阻挠。他先从湖南接来湘戏班子唱对台戏，后竟以武力禁止上演文明戏。乡民群起反对，刘启沛陷于孤立。接着，莲花工农运动兴起。由于刘仁堪等人积极组织群众，进行革命宣传，浯塘一带的农会工作搞得非常出色。1927年春，莲花全县各区、乡成立了农民协会，会员3万余名。刘仁堪担任清查委员会负责人，领导农会干部清算土豪劣

绅经营的祠会、庙宇的财产。他不畏强暴，敢于担风险，经常在土豪劣绅的围攻中挺身而出，为贫苦农民说话，受到群众的拥护。

1927年4月12日，蒋介石在上海叛变革命，大肆屠杀共产党人和革命群众。5月21日，湖南军阀在长沙发动马日事变，白色恐怖遍布城乡。以李成荫为代表的莲花土豪劣绅组织"难民团"，从外地窜回莲花，疯狂镇压革命。刘仁堪等莲花党、团、工会组织负责人被迫撤往上西山区坚持斗争。家中却被反动派洗劫一空。妻子彭桂秀受尽折磨，迫不得已服毒自尽，幸得抢救及时，方才保全性命。她从此潜藏在彭陇山中，以野菜为食，过着非人般的生活。

1927年9月25日，毛泽东率领秋收起义部队来到莲花县城。刘仁堪闻讯，与莲花党组织负责同志连夜赶到县城与工农革命军会合。在宾兴馆会议上，毛泽东根据当时情况，决定引兵井冈山，建立革命根据地，刘仁堪熟悉地形，主动为部队做向导。他与朱义祖一道随军上山，后在龙市军官教导队学习。

1928年春，宁冈象山庵会议以后，刘仁堪秘密回到莲花，与朱亦岳等在瑶坊狮形坳召集党员同志，传达三县党组织联席会议（即象山庵会议）精神，决定以一支枪为基础，成立赤色队，开展武装斗争，并决定在各地

恢复党的组织，筹建红色政权。2月，刘仁堪与陈善、黎中善、陈光明等人到神泉一带，发展党员，组织游击队，并在瑶坊垅上村建立莲花县苏维埃政府第一办事处，刘仁堪负责党的工作。当时白色恐怖仍很严重，敌人常来骚扰，群众顾虑重重，刘仁堪日夜奔走，积极宣传，终于把群众发动起来了。6月23日红四军龙源口大捷之后，红二十九团于6月26日分兵进攻莲花县城。刘仁堪即率领神泉、永坊和大湾一带的群众七八百人进城与红四军第二十九团会合，行至浯塘，他召开了一个群众大会，宣传建立莲花红色政权的重大意义。此时有国民党政府的两个粮差在云陂洲村催粮。刘仁堪一声号召，愤怒的群众立刻将这两个粮差捆绑起来示众。这一行动震动很大。在红军和党组织的推动下，各区、乡群众都自发起来捣毁反动政府，筹建苏维埃政权。6月30日，全县第一次工农兵代表大会在莲花县城万寿宫召开，成立莲花县苏维埃政府，选举刘仁堪为第一任县苏维埃政府主席。在南门大洲上举行的庆祝莲花苏维埃政府成立万人大会上，刘仁堪登台演说。他说："今天工农掌了权，成立了苏维埃政府，以后还要搞社会主义，大家努力干吧！"群众欢欣鼓舞，莲花革命日益走向高潮。

1928年湘赣边界"八月失败"以后，边界局势恶化，莲花县城及集

镇为敌所占，县委、县苏维埃政府被迫迁徙山区坚持斗争。不久，莲花县委书记朱亦岳调离莲花，刘仁堪接任县委书记。他临危受命，率领党政机关及游击队日夜战斗在崇山峻岭，终于迫使敌人退出苏区，逐步恢复了各地的红色政权。但接着湘赣两省敌军开始"会剿"井冈山。为了粉碎反动派的"会剿"，井冈山前委在宁冈县柏路村召开会议，前委、特委和红四军、红五军军委以及边界各县党的负责人参加。会议传达了党的"六大"精神，研究并制定了粉碎敌人"会剿"的方针，决定从外线出击，由毛泽东、朱德率红四军主力于1929年春离开井冈山向赣南进军，红五军和红四军第三十二团留守井冈山。刘仁堪参加会议后，即秘密赶回莲花，到各地召集党员传达会议精神，并组织力量配合井冈山的反"会剿"斗争。由于当时形势紧张，各地党组织均已进入地下活动，很难集中一处。因此，刘仁堪采取巡视工作的办法分片传达。一天，刘仁堪与县委妇运部长颜清珍一道，来到南村坳背村，天近黄昏，颜清珍脚痛难走，就与李珍等五人在坳背一户党员家中住下，通知附近党员晚上集中开会。不料刘仁堪的行动被敌人密探发现，随即报告保安团巡探，巡探又立刻到县城带领保安团连夜赶到南村。为了掩护同志们安全转移，刘仁堪和颜清珍落入敌人的魔掌。

国民党莲花县政府县长邹兆衡听说抓住了共产党的县委书记刘仁堪，非常高兴，亲自负责审问，并给刘仁堪松绑。邹兆衡说："你如能交代共产党内部机密，今后名誉地位及人身安全，我可用身家性命担保。"刘仁堪对邹兆衡的劝说嗤之以鼻，任凭敌人软硬兼施，百般折磨，始终坚贞不屈。

1929年5月19日，在莲花县城南的大洲上，敌人准备将刘仁堪砍头示众。刘仁堪见刑场有群众围观，便高声向群众喊话，揭露反动派的罪恶，宣传革命必定胜利的道理。敌人大怒，命令刽子手割去刘仁堪的舌头。刘仁堪不能讲话了，鲜血流到地上，他便用脚趾蘸着血在地上写下了"革命成功万岁"六个鲜红的血字。他的壮烈牺牲，显示了革命者永不屈服的英雄气概。

（摘自《萍乡英烈谱》，江西人民出版社2010年版）

南岭乡烈士陵园

微信扫码进入导航

　　南岭乡烈士陵园位于莲花县南岭乡岭水村云边小组，建于 2022 年，占地面积约 2000 平方米。

陵园前瞻车架岭，坐落于蛇皮山，距离 319 国道不足 200 米，出入道路全部硬化，交通十分便利。整个陵园依山而建，集中迁入零散烈士墓 64 座。英名墙上镌刻着全乡在各时期为国捐躯的 101 名烈士的英名。

南岭乡烈士陵园于 2023 年被列为"县级烈士纪念设施"。

荷塘乡烈士陵园

微信扫码进入导航

荷塘乡烈士陵园位于莲花县荷塘乡楼下村，建于 2021

年，占地面积约 1666 平方米。

陵园依山傍水而建，出入道路大部分硬化，交通便利，分为纪念广场、公墓区、英名墙三部分。纪念广场铺设吸水砖地面，便于开展瞻仰、祭扫等纪念活动；有三个梯道可进入陵园，共迁入零散烈士墓 73 座，四周铺设草皮，栽植翠柏；正后方修建有英名墙，墙上镌刻着全乡为国捐躯的 253 名烈士的英名。

荷塘乡烈士陵园于 2023 年被列为"县级烈士纪念设施"。

革命烈士永垂不朽

湖上乡烈士陵园

微信扫码进入导航

　　湖上乡烈士陵园位于莲花县湖上乡湖上村，建于2021年，占地约2000平方米。

　　陵园分为纪念广场、公墓区、英名墙和矮墙四部分，纪念广场铺设吸水砖地面，便于开展瞻仰、祭扫等纪念活动；有三个

梯道可进入陵园，
共迁入零散烈士墓
93 座，四周铺设
草皮，栽植翠柏；
正后方修建有英名
墙，墙上镌刻着全
乡在新民主主义革
命时期牺牲的 174
名烈士的英名；四
周建有一米高的围墙，采用"古长城"造型，彰显肃穆庄重之气。

　　湖上乡烈士陵园于 2023 年被列为"县级烈士纪念设施"。

良坊镇烈士陵园

　　良坊镇烈士陵园位于莲花县良坊镇井一村良垅公路山塘冲段，建于 2022 年，占地面积 2000 余平方米。

陵园坐落在禾山七十二峰文峰岭下，地面采用大理石铺设了28级阶梯和150平方米广场。烈士纪念碑坐落在南北中轴线上，将《江西省革命烈士英名录》中收录的良坊镇316名革命烈士，按行政村排列，镌刻在纪念碑正中间，两边分别刻有苏区革命时期坳上、南湾革命斗争场景的浮雕。

良坊镇烈士陵园于2023年被列为"县级烈士纪念设施"。

路口镇烈士陵园

微信扫码进入导航

路口镇烈士陵园位于莲花县路口镇汤坊村扁头垴山顶上，建于 2021 年，紧邻"路口大捷"无名烈士墓葬群，占地面积约 1333 平方米。

1929 年秋，彭德怀、滕代远率领红五军第四、五两个纵队共 1100 余人，在路口镇汤坊村扁头垴一带阻击张辉瓒率领的国民党军队，获得大胜，但许多红军战士为此献出了宝贵的生命。战斗结束后，他们的遗体被就近安葬在扁头垴山上。经多方考证，2021 年才确认红五军这个无名烈士墓葬群。在此修建烈士陵园，既可统一管理，又使其成为"路口大捷"红色系列文化景点的组成部分。

陵园按公墓区形式修建，共迁入零散烈士墓 42 座，采用卧式墓位。

路口镇烈士陵园于 2023 年被列为"县级烈士纪念设施"。

闪石乡烈士陵园

微信扫码进入导航

闪石乡烈士陵园位于莲花县闪石乡太源村，2021年12月动工兴建，2022年2月竣工并向社会开放，占地面积约2333平方米。

陵园原为1934年牺牲的中共湘赣省委常委、湘赣省苏维

埃政府副主席刘燕玉烈士之墓，后扩建为闪石乡烈士陵园，共迁入散葬烈士墓109座，在虎头岭战斗中牺牲的无名烈士的墓群也被整体迁入（1935年，红三团、红五团在闪石乡虎头岭与莲花保安团激战，消灭了靖卫团一个营）。

闪石乡烈士陵园于2023年被列为"县级烈士纪念设施"。

【刘燕玉简介】

刘燕玉（1896—1934），莲花县闪石乡太源村人，中共党员，1927年参加革命，先后担任中共湘赣省委常委、湘赣省苏维埃政府副主席。

1934年10月，第五次反"围剿"失败，红军主力被迫长征。刘燕玉奉命转移造币厂物资，负责保管银洋、铜模、首饰和食盐等18担革命财产。面对严峻形势，尽管与党组织的联系中断，刘燕玉仍坚持动员武装力量，开展游击斗争，誓死保卫革命财产。1934年的一天夜晚，由于叛徒告密，刘燕玉不幸被捕，面对敌人的威逼利诱、严刑拷打，坚决不肯说出物资的下落，最终被敌人残忍杀害。

升坊镇烈士陵园

微信扫码进入导航

　　升坊镇烈士陵园位于莲花县升坊镇泰岭村潭子根水库西侧山岭，建于2021年，占地约2000平方米。

陵园依托山势梯度分级设计建造，建有纪念广场和英名墙，墙上镌刻着全镇在各个革命斗争时期为国捐躯的 289 名烈士的英名。

升坊镇烈士陵园于 2023 年被列为"县级烈士纪念设施"。

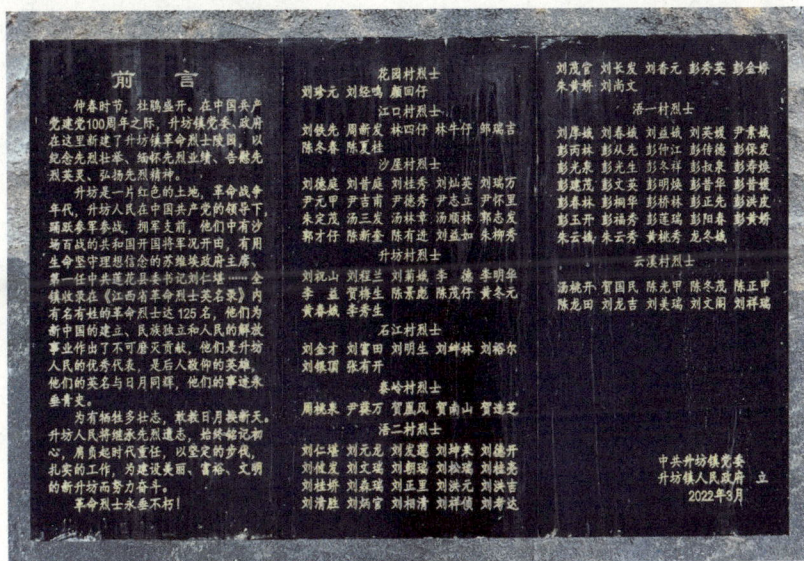

六市乡烈士陵园

微信扫码进入导航

　　六市乡烈士陵园位于莲花县六市乡海潭村鸡子寨，建于 2022 年，占地面积 700 余平方米。

　　陵园坐西朝东，园区苍松挺拔，环境优美，六市乡的 55 位革命先烈安葬于此。

　　六市乡烈士陵园于 2023 年被列为"县级烈士纪念设施"。

萍乡市烈士纪念设施名录

萍乡经济技术开发区烈士纪念设施

邓贞谦烈士纪念设施

微信扫码进入导航

　　邓贞谦烈士纪念设施位于萍乡经济技术开发区彭高镇华源村，由邓贞谦烈士墓、邓贞谦生平事迹陈列馆、邓贞谦烈士故居、邓氏私塾四部分组成。

　　邓贞谦烈士墓建于2014年3月，占地面积约200平方米；邓贞谦生平事迹陈列馆建于2019年，建筑面积约1200平方米；邓贞谦烈士故居建筑面积约 1900 平方米；邓氏私塾建筑面积约 700 平方米。

邓贞谦生平事迹陈列馆于 2021 年提升改造，重新布展。展出内容分为 5 个部分：幼年求学，自强不息；放弃学业，投身革命；返回故乡，策动农运；夺枪起义，武装割据；往返井冈，舍身取义。

为传承革命烈士精神，彭高镇以建设红色名村为契机，将邓贞谦烈士故里打造成彭高镇党性教育基地。

延伸阅读：邓贞谦烈士

邓贞谦（1907—1928），又名邓中坚，萍乡彭高华源村人。

1923年，邓贞谦考入萍乡中学读书，组织进步团体互助社（后改名策群社）。1924年，加入中国社会主义青年团。1926年考入北京师范大学。1927年加入中国共产党。4月回南昌从事革命活动，后回萍乡领导农民运动。12月当选为中共安源市委委员，旋任中共湘东地区湘关（湘东、老关）区委书记，同时担负着安源市委与井冈山革命根据地的联络任务。

1928年1月，邓贞谦领导萍乡上栗靖卫团士兵兵变，建立了斑竹山革命根据地。4月，赴井冈山汇报工作，返回途中在萍乡南坑不幸被捕。狱中留下了《遗书》《自述》等遗墨，表达自己"生是革命人，死是革命鬼"的决心。6月8日，在萍乡大西门外英勇就义，年仅21岁。

【烈士遗书】

"为国家一苍死，才是革命精神"
——邓贞谦狱中绝笔书

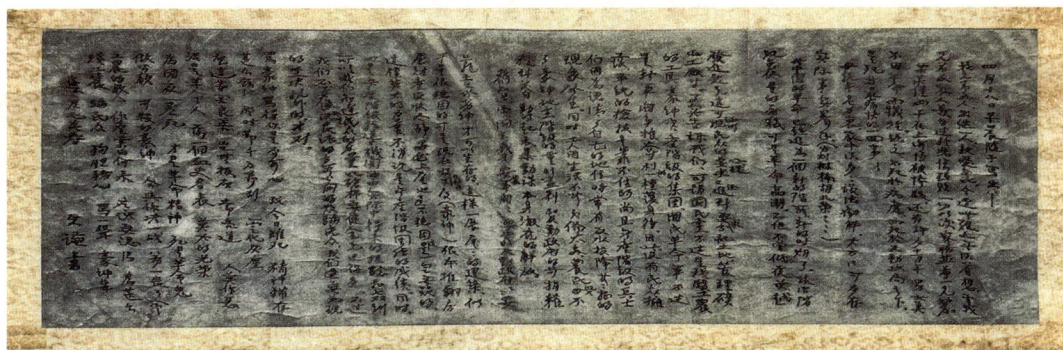

四月十八日早晨随手写出——

我兄弟五人，出继一人，亲爱无比。今遭此难，止（只）无须着想，望我兄弟及家人等，勿过于悲伤残败，一切以后家务并靠二兄努力。某某仅两子在上海均被惨杀，还有许多青年男女莫不因革命而牺牲。总之，不死于病魔，而死于反动政局之下，是死者最痛快的一回事！母亲年老力衰，家中须多多设法劝解……

中国的革命已经进入一个新的阶段、新的时期了。统治阶级虽尽量地屠杀，可是革命高潮，不但不曾低落，并越发进展了。这可证明民众的心理已经进到要求分配土地、管理矿山工厂等。事实告诉我们，所谓国民党不过是残杀工农的工具，豪绅资产阶级的集团；国民革命军不过是新军阀争权夺利的一种护身符。因此，没有民众拥护，单纯的枪支是靠不住的。高且无产阶级的兵士们因为认清了自己的地位，时常有反水投降等等好的现象发生。同时，工人因生活不等，欠饷太多，农民受不了豪绅地主阶级的重利益盘剥和反动政府的苛捐杂税，便自动地起来暴动，谋本身彻底的解放。

我们知道帝国主义是要靠军阀，要靠反动政府，要靠土豪劣绅才可以生存的，这样一层层的建筑，似乎是很稳固的。可是现在将反动的下层（豪绅）根本推翻，房屋财产没收尽净，它的上层也不稳固，这是一定无疑的。这种莫大的力量，不消说是无产阶级团结的成绩，同时，也是无产阶级指导机关由实际中得来的经验和教训。所以我们知道，民众的力量比枪杆要健全、充实得多。

不过我们不要像那些改良派的手段公开地欺骗民众，我们要兑现的坚决执行才对。

……

为国家一牵死，才是革命精神，活是革命人，死是革命鬼。落一个血表青史，莫大的光荣……

贞谦书

注：这是1928年邓贞谦就义前随手写下的遗书。行刑前，邓贞谦要求敌人用椅子把自己抬去刑场，唱着《国际歌》，高呼："无产阶级联合起来！""共产党万岁！"在萍乡大西门外从容就义。

（摘自《安源红色家书》，江西人民出版社2018年版）

【烈士故事】

"暴动不怕激烈，牺牲要有价值"

邓贞谦，又名邓中坚，1907 年出生于上栗县彭高镇华源村一个贫苦农民家庭。邓贞谦从读小学开始，刻苦学习，聪敏好问，记忆力特别强，学习成绩一直名列前茅。1923 年秋，邓贞谦考入萍乡中学。当时，正值萍乡安源煤矿的工人运动蓬勃高涨。特别是毛泽东同志亲自来到安源以后，12000 多名路矿工人举行罢工斗争，取得了一个又一个胜利。安源工人运动的蓬勃发展，给萍乡地区的学生和农民以深刻的影响和巨大的鼓舞。

邓贞谦在萍乡中学学习期间，经常和孔原、张国庶、刘型等进步青年学子一起，积极组织爱国学生运动，参与筹建了进步学生团体"互助社"（后改为"策群社"）。他经常组织学生听安源工人的革命演讲，开展革命宣传活动，把全校一大批进步青年学子团结到"策群社"周围。

1926 年秋，正当北伐战争节节胜利、全国的革命形势空前利好时，邓贞谦考入北京师范大学。但接受了革命思想的邓贞谦，面对国民党军阀混战给中国人民带来的深重灾难，为了挽救中华民族的危亡，1927 年暑假后，毅然放弃了学业，全力投身于革命洪流，从事人类解放的伟大事业。

邓贞谦来到南昌后，根据党的指示，以特派员的身份回到萍乡从事农民运动。

1927 年春，萍乡反动势力勾结湖南反动军阀进犯萍乡，先后在湘东杀害共产党员和民众 30 余人，并捣毁县总工会、县农会等革命团体，残忍地杀害了共产党员、萍乡县民选县长罗运磷。6 月 5 日，敌军又窜入安源，杀害中共安源市委书记刘昌炎、市委委员周怀德等同志，制造了"六五"事变。萍乡有 40 多名共产党员和革命者被杀害，被捕革命群众有 100 余人。整个萍乡地区的革命团体和党的组织遭到了严重破坏。

面对反动势力的疯狂屠杀，邓贞谦不顾个人安危，克服重重困难，秘密与萍乡党组织取得联系。经过一段时间的暗访联络和发动，他在萍乡东门伞铺里建立了党的秘密活动机关，开始了紧张的革命活动。首先是积极恢复在"六五"事变中被反动势力捣毁的萍乡县农民协会，成立了筹备委员会，并亲自负责后勤总务工作。同时邓贞谦还利用反动政府县长傅作霖要他主办《新萍周刊》的合法身份，进行广泛的社会联系，积极发展党的组织，吸收政治上可靠的先进工人、农民和青年入党。

1927 年 12 月 5 日，在中共安源市委召开的扩大会议上，年仅 20 岁的邓贞谦被推选为市委委员。年底，又被派往湘东区担任区委书记。

与此同时，邓贞谦通过办刊结识了驻扎上栗的靖卫队队长胡启图，安插共产党员、共青团员到该队当兵，并于 1928 年 1 月发动兵变，一举夺得四五十支枪，在斑竹山建立了工农革命军直辖第二团，开创了萍北的工农武装割据，建立了斑竹山革命根据地。同期，他又到东桥，代表中共安源市委正式接管小西区党组织和工农武装，指导建立了萍醴游击营。

此后，邓贞谦的身份暴露，《新萍周刊》遭封查，他便常来往于宜春西村和萍乡宣风、湘东各地，发动农民建立武装，开展游击战争。

邓贞谦在担任湘东区委书记的同时，还兼负了安源市委与井冈山根据地的联络任务。从萍乡到井冈山，要爬山越岭，穿云走雾，不仅要经受崎岖山路的艰难困苦的考验，更重要的是要冒着生命危险，越过敌人的岗哨。邓贞谦克服了一道道难关，一次又一次往返护送密件，接送来往的革命同志，并多次见到毛泽东。

1928 年 4 月上旬的一天，邓贞谦来到了井冈山茨坪，将萍乡地区开展工农武装斗争，特别是上栗斑竹山起义的情况向毛泽东汇报。毛泽东指示既要大胆发动群众，又要讲究斗争策略，不要盲目行动，一定要注意保护人民群众的革命热情。同时让他带了一些黄金下山，作为党的活动经费。

就在邓贞谦从井冈山返回萍乡路过南坑的街头时，突然从巷道窜出几十个靖卫团的士兵，将他毒打一顿后，押送到县城监狱。邓贞谦早已将个人的安危置之度外，料定自己难以活着出去。所以，不管敌人是花言巧语，还是严刑拷打，他都是泰然自若地一笑了之。

邓贞谦在监狱的墙壁上挥笔写下了"暴动不怕激烈，牺牲要有价值"和"坚决执行土地革命，彻底消灭统治阶级"两副对联。

1928 年 6 月 8 日，是邓贞谦罹难的日子。从监狱到刑场，邓贞谦不肯走路，他让国民党反动派抬着在萍乡街上转一圈。国民党反动派毫无办法，只好用一张大竹椅子，由靖卫团的两个士兵抬着他，游遍了萍乡城的东西南北四门，最后将其杀害于大西门城外。

（摘自《安源红色家书》，江西人民出版社 2018 年版）

萍乡市烈士纪念设施名录

武功山风景名胜区烈士纪念设施

武功山革命烈士纪念亭林

微信扫码进入导航

　　武功山革命烈士纪念亭林位于武功山风景名胜区麻田镇垅头村，建于 2019 年。

　　纪念亭林有 6 座纪念亭，分布在 6 个村民小组，以彭辉明、陈竞进、钟林、冯榜立、郭猛、彭清恩 6 名革命烈士的名字命名，分别为辉明亭、竞进亭、钟林亭、榜立亭、郭猛亭、清恩亭，代表了 1929 年至 1937 年 11 月间牺牲或战斗在武功山地区的革命英烈。

　　该纪念亭林于 2021 年被列为"县级烈士纪念设施"。

辉明亭

彭辉明（1905—1935），广西人。1927年加入中国共产党。1934年6月，任红十八师副师长。1934年红军主力长征后，任中共湘赣省委常委、湘赣省军区司令员，率领红军在武功山地区坚持游击斗争。1935年2月初，率领红军2000余人在安福击败萍乡保安团。后在往莲花县突击的过程中，身中5弹壮烈牺牲。

竞进亭　　陈竞进（1898—1933），莲花坊楼镇人。1919年五四运动期间，在南昌大同中学读书。1921年回到家乡创办新城小学，并与进步青年朱亦岳、贺昌炽等人在坊楼创办"青年学会"，宣传反对封建剥削、争

取工农解放等革命真理。1926年加入中国共产党。任红色独立团团长、湘赣边界特委委员期间，战斗在武功山地区。1933年春，牺牲于永新县。

钟林亭

钟林（1886—1935），芦溪新泉乡人。1929年冬加入中国共产党。1930年带领群众发动春荒暴动。1931年10月率赤卫队在埌头设伏阻击安福来犯的敌军，毙敌40余人。1933年任萍乡苏维埃政府主席。1935年2月在武功山摩高界曲尺岭为掩护同志突围身受重伤被捕。同年3月牺牲。

榜立亭

冯榜立（1903—1936），武功山麻田人。1928年冬参加五里山农民暴动。1929年加入中国共产党。历任萍乡苏维埃政府邮政局局长兼赤卫师政委、县委副书记，莲安萍中心县委副书记，湘赣省委代理宣传部部长等职。1934年8月主力红军西征后，冯榜立在武功山领导游击队继续进行斗争。1936年5月，由于叛徒出卖被捕，在芦溪上埠英勇就义。

郭猛亭

郭猛（1913—1941），江西吉水人。1929年加入中国共产党。1930年参加红四军。1934年4月任青原山红一方面军卫生部总医院政委兼党总支书记。1934年10月，红军主力长征后，郭猛带领伤病员转

移到九龙山继续坚持斗争。1941年春，任新四军第一师二旅四团政委。1941年12月在江苏盐城抗击日军时牺牲。

清恩亭

彭清恩（1916—1941），武功山万龙山乡人。1930年参加新安区红军游击队，10月编入湘东独立师。1934年8月红军主力长征后，奉命留在红军游击队，在武功山区坚持了三年艰苦卓绝的游击战。1938年2月编入新四军，后任第一师二旅四团三营营长、第一师二旅作战参谋。1941年7月在江苏盐城抗击日军时牺牲。

万龙山乡革命烈士公墓

微信扫码进入导航

万龙山乡革命烈士公墓位于武功山风景名胜区万龙山乡东坑村，占地面积约6666平方米。

2014年，万龙山乡政府在鲶形界修建烈士公墓，将散葬在全乡各地的52名烈士的遗骸集中迁葬，建有墓穴

60座。2022年投入66万元，绿化环境、修建纪念碑、增设英名墙、平整祭扫广场与过道并铺设青石板、内部道路铺设透水砖等，公墓基础设施得到进一步提升。

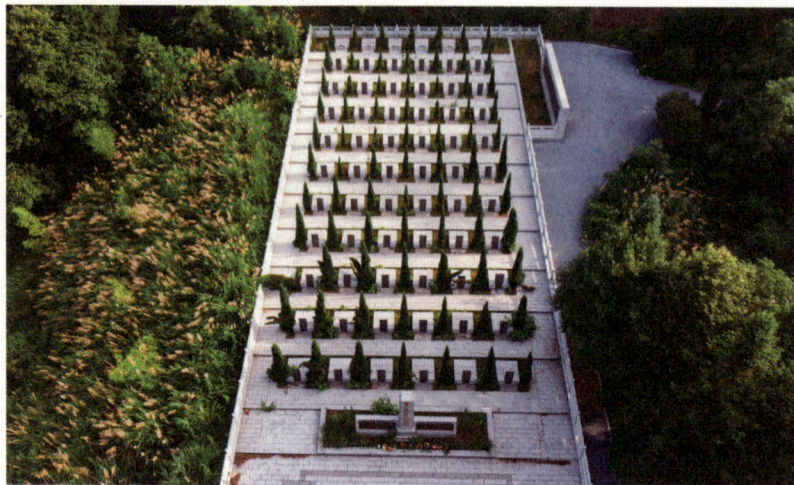

后　记

　　烈士纪念设施是为纪念烈士专门修建的烈士陵园、纪念堂馆、纪念碑亭、纪念塔祠、纪念塑像、烈士墓等设施。作为双拥优抚、退役安置和烈士褒扬的职能部门，萍乡市退役军人事务局从 2019 年成立以来，对全市烈士纪念设施进行了全面摸排和抢救保护，进一步加强了对烈士纪念设施的规范管理，提升了爱国主义教育和革命传统教育基地的作用。

　　2022 年，在广泛听取意见、走访烈士后人及当地群众、收集整理史料的基础上，市退役军人事务局决定编撰《萍乡市烈士纪念设施名录》。两年来，经全局上下通力合作、共同努力，编撰工作如期完成。本书的编撰是集体智慧和力量的结晶。萍乡市退役军人事务局科学筹划，精心指导，各县（区）退役军人事务局和相关单位广泛收集图片和文字资料，认真撰写文稿，各编辑成员统筹协调，严格审改稿件，最后由编委会审核把关、集体讨论定稿。

　　本书在编撰过程中，得到了中共萍乡市委宣传部、中共萍乡市委史志研究室、萍乡市财政局、萍乡市文化广电新闻出版旅游局等部门的悉心指导与大力帮助，在此表示感谢。书中部分史料源自《萍乡英烈谱》《安源红色家书》，在此对原刊编者、作者深表谢意。

　　本书的编印出版，对于进一步营造崇尚英烈、缅怀英烈、学习英烈、捍卫英烈的浓厚氛围，深入开展革命传统教育、爱国主义教育和国防教育必将起到十分重要的作用。

　　由于该书涉及面广，加上编者能力和经验有限，如有不足之处，竭诚欢迎读者批评指正。

《萍乡市烈士纪念设施名录》编委会

2024 年 6 月